# 때

time

# 를
# 사
# 라

# 때를 사라

2024년 11월 26일 초판 인쇄
2024년 12월 3일 초판 발행

**지 은 이** | 최우석
**발 행 인** | 이희태
**발 행 처** | 삼일피더블유씨솔루션
**등록번호** | 1995.6.26. 제3-633호
**주    소** | 서울특별시 용산구 한강대로 273 용산빌딩 4층
**전    화** | 02)3489-3100
**팩    스** | 02)3489-3141
**가    격** | 17,500원

ISBN   979-11-6784-318-0      03320

쉽고 재밌게 읽는 세금책

time

20년 경력의 인사잇<sup>insight</sup>을 2시간에 습득

최우석 씀

**SAMIL** | 삼일인포마인

🍎 프롤로그

기획재정부(기재부), 대법원 등 20년 근무 경력의 인사잇insight 을 이 책에 담았다. 세금의 핵심 팩트와 원리를 쉽고 재밌게 전 달하는 것이 이 책의 목적이다.


기재부에서 중요한 역량 중 하나는 보고서 쓰는 능력이다. 필자 가 생각하기에 잘 쓴 보고서는 3가지 정도 특징이 있다.

첫째 '쓱' 쉽게 읽혀야 한다. 쉽다는 것은 보고서의 핵심이 잘 드 러나고 불필요한 내용이 없는 것이다.

둘째 재미가 있어야 한다. 재밌다는 것은 얻는 게 있다는 말이다. 이미 알고 있거나 알 필요 없는 내용이면 김이 샌다. 판단이나 행동할 때 도움이 될수록 좋다. 보고서의 타이밍도 시의적절해야 한다.

셋째 제일 중요한 것이다. 왜곡이 되었거나 방향이 잘못 제시되 면, 첫째와 둘째 덕목에도 불구하고 최하위권 보고서이다.


이러한 잘 쓴 보고서의 특성을 감안하여, 이 책은 쉽고 재밌게 세금의 핵심 원리를 쓰는 데 중점을 두었다.

한편 필자는 기재부 세제실에서 근무할 때 국세청에서 파견온 분들과 같이 일할 기회를 많이 가졌다. 파견자 분들은 세금 행정이나 집행 실무에 밝으니, 기재부 업무인 제도를 고치거나 새로운 제도를 만드는 데 큰 도움이 된다.

그런데 파견자 분들과 초반에 이런 대화를 하곤 했다.

필  자   ○○○은 어떤가요? 이게 맞나요?

파견자   ○○○은 안 됩니다.

필  자   왜 그렇지요?

파견자   법령(또는 지침)에 그렇게 되어 있거든요.

사실 필자는 현재의 세법을 고쳐야 되는지 판단하려고 의견을 구했는데, 파견자 분들은 그 세법에 따라 답변을 주곤 했다. 국세청 업무가 세법을 집행하는 것이니 어찌 보면 당연한 답변이었다.


한편 시중의 세금 책들은 주로 세법을 설명하는 내용이다. '이것은 이렇다', '이러면 절세가 된다' 등이다. 이렇게 나열식으로 접하다 보면 세금이 복잡하고 어렵게 느껴지기가 쉽다.

세금은 암기과목이 아니고 이해과목이다. 세금의 원리를 이해하면 쉬워진다. 굳이 암기하지 않아도 어떻게 세금이 나올지 대략 예상이 된다. 나아가 좋은 세금과 나쁜 세금도 어느 정도 구분이 된다.

필자는 기재부 세제실에서 각종 세법의 개정 업무를 담당하고, 세법예규 해석 업무를 맡았다. 대법원에서는 재판연구관으로 근무하면서 많은 실제 사례들을 접하기도 했다. 이러한 경험들을 통해 습득한 인사잇을 이 책에 담았다.

이 책은 증여세, 상속세, 종합부동산세, 근로소득세, 양도소득세, 부가가치세의 가장 핵심적인 팩트와 원리를 담고 있다. 이 책을 쓱 한번 읽고, 그리고 세금 뉴스나 책들을 접하면 훨씬 쉽게 이해되리라 생각한다.

"재테크나 절세에 관심 있는 분,

증여 계획을 세우거나 상속에 대비할 분,

부동산 세금에 관심 있는 분, 월급을 받고 있는 직장인,

부가가치세를 내야 되는 사업자, 세법에 입문하는 수험생,

세금의 원리를 좀 더 알고 싶은 세무사, 세무공무원,

내가 왜 얼마나 세금을 내는지 궁금한 분"

이 책을 권하고 싶은 분들이다.


모쪼록 이 책에 아쉬운 부분이 있으신 분들께는 양해를 구하고,

이 책을 손에 잡으신 분들의 건승을 빈다!!


최우석 드림

wooskch@naver.com

🍎 차례

# 은근 재밌는
# 부가세

# 절세고수 증여세

# 'Back도'는 없다
## – 선물 돌려줄지 말지 –

'전前 애인의 황당 요구'라며 인터넷에 올라온 글이 있다. 애인과 사귀면서 고가의 선물을 받았는데, 헤어지면서 돌려달라고 한다는 것이다. 돌려주어야 되는지 물어보는 글이다.

이런 일은 부모자식 간에도 일어난다. 자식에게 재산을 주었는데, 찾아오지도 않고 불효를 하니 돌려달라고 하는 것이다.

물건을 넘겨주거나 등기를 이전하면서 증여를 했다면 소유권은 넘어갔다. 그러니 안 돌려줘도 된다. 다만 조건부로 주었다든지 특별한 사정이 있으면 돌려줘야 된다. 예를 들어 약혼선물을 주었는데 파혼한 경우 같은 것이다.

그럼 증여세는 어떻게 될까? 돌려줄지도 고민이겠지만 증여세도 문제이다. 헤어지는 마당이니 증여세를 누가 낼지도 중요하다.^ 우리 세법에 따라 알아보자.

고가의 선물은 처음 줄 때부터 증여세 대상이 될 수 있다. 다만 기념품·축하금·부의금 등 통상 필요하다고 인정되는 금품이나 약 50만 원 미만의 금품은 증여세를 안 내도 된다.

한편 증여세는 금품을 받은 수증자가 낸다. 수증자는 3개월(증여 받은 날이 속하는 달의 말일부터 3개월) 내 세무서에 신고해야 한다. 이때 증여세도 내야 된다.

## ⊙ 비과세되는 증여재산

| 상증법 (46조5호) | 사회통념상 인정되는 이재구호금품, 치료비, 피부양자의 생활비, 교육비, 그 밖에 이와 유사한 것(※ 아래 시행령에서 규정) |
|---|---|
| 시행령 (35조4항) | 기념품·축의금·부의금 기타 이와 유사한 금품으로서 통상 필요하다고 인정되는 금품 |
| | 학자금 또는 장학금 기타 이와 유사한 금품 |
| | 혼수용품으로서 통상 필요하다고 인정되는 금품 |
| | 불우한 자를 돕기 위하여 언론기관을 통해 증여한 금품 등 |

‣ 한편 증여세 과세표준이 50만원 미만이면 증여세를 부과하지 않는다.(상증법 55조2항)

14

그럼 돌려주어도 증여세를 내야 될까? 답은 노no 또는 예스yes이다.
돌려주는 것은 또 다른 증여이다. 처음 선물줄 때와 돌려줄 때 2번
다 각각 증여가 된다. 우리나라는 증여마다 증여세를 매기는 체계
이다. 그러니 매번 증여세를 내야 될 수 있다.
다만 세법에서는 돌려주는 시기에 따라 달리 정하고 있다.


처음 선물을 받고 3개월 내 증여세 신고를 해야 하는데, 그 신고기
한 내 돌려주면 증여세를 아예 안 내도 된다.no/no
그런데 신고기한이 지난 이후 3개월 내 돌려주면 처음의 증여세는
내야 되고, 돌려줄 때는 안 내도 된다.yes/no
그 3개월도 지났으면 2번 다 내야 된다.yes/yes
한편 금전의 경우는 일반원칙에 따라 증여할 때마다 증여세를 내
야 한다.
윷놀이와 같은 'Back도'는 없다.


선물을 돌려주는 경우가 흔치는 않을 것이다. 그래도 좀 복잡하다
는 생각은 든다. 어쩌다 돌려주는 상황일 텐데 증여세의 시계는 돌
아가고 있었던 것이다.

즉 고가의 선물은 돌려줘도 기한이 지나면 'Back도'는 없다. 증여세를 내야 된다. 선물 돌려줄 때 증여세도 고려해야 될듯하다.^

⊙ 연인이었던 M과 Z의 선물 반환 시 증여세 부과

🍎 이는 증여세 절세節稅에 활용되기도 한다.

상장주식을 증여했는데 그 이후 주가가 하락하는 것이다. 주가가 낮을수록 증여세가 적어지니, 증여를 미루고 싶을 수 있다. 그럴 때 3개월(증여세 신고기한) 내에 주식을 돌려주는 것이다. 앞서 보았듯이 신고기한 내 돌려주면 증여세를 안 낸다. 이후 다시 증여시점을 선택하면 된다.

한편 상장주식 가격은 '평가기준일(증여일) 전·후 각 2개월 동안의 거래소 종가 평균액'으로 계산하고 있다.

### ⊙ 증여한 상장주식 가격

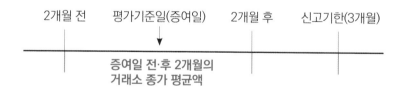

# 때time를 사라

## - 절세고수 I -

JTBC의 '재벌집 막내아들' 드라마가 인기를 끌었다. 과거 세계로 환생한 주인공이 지략으로 재벌가를 접수하는 이야기이다. 지략에는 재테크가 많다.

극 중 한 장면을 보면, 주인공 진도준은 할아버지 진양철 회장을 도와주고 보답으로 돈 대신 '분당 땅'을 받는다. 이후 분당 신도시가 개발되어 땅값이 오르고 진도준은 큰돈을 벌게 된다.

진도준이 '분당 땅'을 받은 것은 미래를 알고 있었기 때문이다. 그러나 우리는 미래를 모른다. 다만 어느 정도 예측은 할 수 있다. 예측에 따라 행동을 선택할 수 있다. 선택에 따라 부富가 따라올지가 결정된다.


한편 대부분의 세금은 선택지가 별로 없다. 소득세, 상속세, 종합부동산세, 부가가치세 등 대부분은 피하기 어렵고 금액도 대략 정해져 있다.

그러나 증여세는 선택지가 많다. 언제, 무엇을, 얼마만큼, 누구에게 증여할지, 아니면 증여하지 않을지 선택할 수 있다. 선택한다는 것은 절세도 가능하다는 말이다. 그러니 일단 증여세는 세금을 줄이는 절세고수의 자질이 있다.^


진도준의 선택은 절세 측면에서도 탁월했다. 진도준은 '언제'와 '무엇'을 잘 선택했다. 즉 '분당 1기 신도시 건설 전에', '분당 땅'을 선택하여 증여받은 것이다.

드라마에선 안 나오지만 무상으로 받았으니 증여세를 내야 된다. 증여세는 증여받을 때 시중의 거래가격이 기준이 된다. 분당 땅 값이 오르기 전이니 증여세도 적었을 것이다.

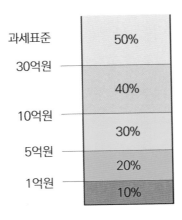

## ⊙ 증여세 과세표준별 세율

| 과세표준 | 50% |
|---|---|
| 30억원 | 40% |
| 10억원 | 30% |
| 5억원 | 20% |
| 1억원 | 10% |

▸ 과세표준 = 증여재산 - 증여 공제

▸ 상속세 세율도 증여세 세율과 동일하다.

▸ 위 표는 2000년 1월 1일 이후 세율이다.

만일 진양철 회장이 증여 이후 5년 내 사망했다면, 손자(비상속인)인 진도준에게 증여한 분당 땅은 상속재산에 합산된다. 그러나 이때도 상속세는 그렇게 늘어나지 않는다. 땅값이 오른 후인 상속 때의 가격이 아니라 증여할 때 가격으로 합산되기 때문이다.

## ⊙ 사전 증여재산 합산

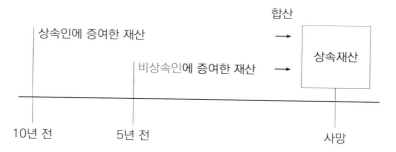

## ⊙ 상속 순위

| | | |
|---|---|---|
| 1순위 | 직계비속(자녀, 손자녀 순) | 배우자 공동 상속 |
| 2순위 | 직계존속 | 배우자 공동 상속 |
| | 직계비속, 존속이 없으면 | 배우자 단독 상속 |
| 3순위 | 형제자매 | |
| 4순위 | 4촌 이내 방계혈족 | |

진도준은 땅값이 올라 240억원을 벌었다. 만일 땅값이 오르고 증여나 상속을 받았다면, 높은 상속세율과 세대생략 할증과세로 인해 그 절반 이상은 세금을 내야 했을 것이다.

미리 증여받아서 세금을 엄청 줄인 것이다.

## ⊙ 세대생략 할증과세

조부모　　　부모　　　손자녀

▸ 조부모가 세대를 건너뛰어 손자녀에게 상속이나 증여를 하는 경우 30%를 할증하여 과세한다. 손자녀가 미성년자로서 상속증여 재산이 20억원을 넘으면 40% 할증한다.

▸ 상속인이 될 자녀가 있음에도 손자녀에게 증여할 때 적용되며, 자녀가 사망한 경우 등의 대습상속에는 적용되지 않는다.

이와 같이 때time를 잘 선택하면 세금을 줄일 수 있다.

주식이나 부동산은 가격 등락이 심하다. 많은 부자들은 증여할 때를 노리고 있다. 다른 고려사항이 없다면 가격이 낮을 때가 증여할 때이다. 재벌들이 자녀에게 주식을 증여한다는 뉴스가 나오면 주가가 최저점이 아닌지 살펴보길 바란다.^

# 합종연횡하라

## - 절세고수 II -

합종연횡合從連橫은 중국 전국시대의 진 나라와 연·제·초·한·위·조의 6개 나라 간 외교술을 일컫는 말이다. 지리상 남북(종)으로 위치한 연·제·초·한·위·조의 6개 나라가 합치는 것을 합종이라 했다. 그리고 동서(횡)로 위치한 진 나라와 각각의 6개 나라가 연대하는 것을 연횡이라 했다.

합종과 연횡은 전국시대 천하를 제패하기 위한 전략이었다.

⊙ 전국시대의 진 나라와 6개 나라 지도

전국 시대
(기원전 260년경)

※ 출처: 위키피디아

증여세는 주로 상속세나 양도세 절세에 활용된다. 그 모습은 마치 합종연횡 같다.

증여세와 상속세는 세대 간 수직적 이전인 종적 관계이다. 둘을 활용하면 합종이 된다. 그리고 증여세와 양도세는 세대 내 수평적 이전인 횡적 관계이다. 둘을 활용하면 연횡이 된다.^

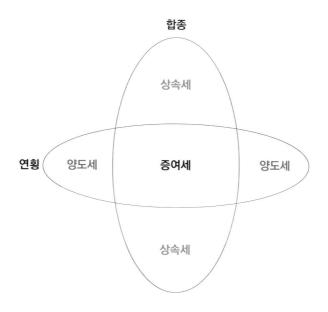

합종

우선 합종책을 알아보자. 증여를 활용해 상속세를 줄이는 것이다. 주로 증여재산 공제를 활용한다.

**시간 활용법** 증여를 통해 상속재산을 줄이는 것이다. 증여는 10년 간의 공제한도가 있다. 부모로부터 성년자녀가 받는 증여는 5천만원(미성년자녀가 받으면 2천만원)이다. 5천만원에는 조부모한테서 받는 금액이 포함된다. 부부간 증여는 6억원, 친인척 증여는 1천만원이다.

10년이 지나면 새로 공제한도가 생긴다. 그래서 아기가 태어나면 2천만원을 증여하고 매 10년마다 증여하라는 말도 있다.

**⊙ 증여 공제한도**

| | | |
|---|---|---|
| 배우자공제 | 6억원 | 10년 한도 |
| 직계존속 → 직계비속 | 성년 5천만원<br>미성년자 2천만원 | |
| 직계비속 → 직계존속 | 5천만원 | |
| 친족(6촌 이내 혈족, 4촌 이내 인척) | 1천만원 | |
| 혼인·출산 증여 공제[1] | 1억원 | 평생 한도 |
| 재해손실공제 | 신고기한 내 화재등으로 재산 멸실 시 | |

1) 직계존속으로부터 혼인 전후 2년 이내 증여받는 경우,
　직계존속으로부터 자녀의 출산·입양일로부터 2년 이내 증여받는 경우

**사람별 분배** 증여 공제한도는 증여를 받는 수증자 기준이다. 즉 수증자인 자녀마다 공제한도가 적용된다. 사위나 며느리도 친인척으로 각자의 공제한도가 1천만원이다. 적절히 가족 내 사람별로 분배해 증여하면 공제를 더 많이 받을 수 있다.

여기서 핵심은 증여를 통해 상속재산을 줄여 놓는 것이다. 이때 증여 공제한도 내에서는 증여세를 안 낸다.

공제한도를 넘어 증여세를 내더라도, 나중에 상속세를 내는 것보다 유리할 수 있다. 이는 누진세율 때문이다. 상속되기 10년(또는 5년) 전의 사전 증여재산은 상속재산에 합치게 되는데, 합치면 금액이 커져 높은 세율이 적용될 수 있다. 그렇게 되면 상속세가 더 나오는데, 더 나오는 상속세가 증여세보다 많을 수 있다.


다음 연횡책을 알아보자. 주로 증여를 통해 양도세를 줄이는 것이다. 반대로 양도를 통해 증여세를 줄일 수도 있다.


단순하게는 이런 방식이다. 2주택자가 주택을 팔면 양도세를 내야되는데, 1주택자 비과세를 받기 위해 1주택을 자녀에게 증여하는 것이다. 자녀는 독립한 생계를 꾸린 별도의 세대여야 된다. 그 이후 남은 주택을 팔 때는 1주택자가 된다.

또는 주택을 증여할 때 담보채무는 자녀 등의 수증자가 갚도록 하는 것이다. 이는 부담부증여라 한다. 그러면 담보채무만큼은 양도한 것이 되어, 주택가격이 증여와 양도로 나뉘게 된다. 이에 따라 증여세와 양도세가 줄어들 수 있다.

결국 양도세 비과세를 받거나 양도차익을 줄이기 위해 증여를 활용하는 것이다. 다만 개별 상황에 따라 실제 적용은 다를 수 있으니 주의가 필요하다.


합종연횡 세부 방안은 사례별로 잘 따져 보아야 한다. 그리고 먼저 합종책을 쓸지 연횡책을 쓸지 정하는 것도 중요하다. 즉 부동산이 있다면 그대로 물려줄지, 양도하여 현금화할지 등에 따라 방안이 달라진다. 물려주려면 합종책을, 현금화하려면 연횡책을 고려할 수 있다.

🍎 중국 전국시대 합종책은 강대국인 진 나라에 대응한 연·제·초·한·위·조 나라가 힘을 합치는 전략이었고, 연횡책은 이를 와해시키려고 진 나라가 각각의 6개 나라와 연합하는 전략이었다. 사마천의 사기에 따르면 대표적으로 합종책은 책략가 소진이, 연횡책은 장의가 주장하였다.

초반에는 합종책이 성공한 듯하였으나, 이후 각개 격파식 연횡책으로 합종이 와해된다. 결국 진 나라가 6개 나라를 차례로 굴복시키고 천하를 통일한다. 이 때 진시황이 나온다.

# 시간여행자
## - 시공초월 I -

인공지능(AI) 네트워크가 스스로 지능을 갖춰 핵전쟁을 일으키고 인간들을 지배하게 된다. 이때 사령관 존 코너가 인간들을 규합해 전쟁을 시작하면서 상황은 반전된다. 전세가 역전되자 다급해진 AI 네트워크는 존 코너의 출생을 막으려고 터미네이터를 타임머신에 태워 과거로 보낸다.

영화 '터미네이터' 이야기이다. 1984년에 처음 나온 걸 보면 가히 기념비적 영화이다.


터미네이터는 시간과 공간을 초월하여 과거로 돌아간다. 한편 증여세를 보면 터미네이터가 생각난다. 증여세도 시공초월 능력이 있기 때문이다. 이 시공초월 능력은 절세고수 증여세에 대항하기 위해 주어졌다. 세법에서 규정해 준 것이다.

- '합종연횡하라' 中 -
증여세는 선택지가 많다. 언제, 무엇을, 얼마만큼, 누구에게 증여할지, 아니면 증여하지 않을지 선택할 수 있다. 선택한다는 것은 절세도 가능하다는 말이다. 그러니 일단 증여세는 세금을 줄이는 절세고수의 자질이 있다.

증여세 현장으로 가 보자. 창과 방패의 대결이 펼쳐지고 있다. 세금을 줄이려는 창과 이를 막으려는 방패이다. 그런데 각각 활용하는 창도 증여(세)이고 방패도 증여세이다.

부자들은 다양한 방법으로 재산을 이전해 왔고, 이에 대응하여 증여세를 매기는 그물망도 촘촘해져 왔다. 이에 따라 각종 형태의 재산 이전에 대해 증여세를 내도록 세법에 규정되어 있다. 전환사채의 주식 전환, 주식의 발행이나 소각에 따른 이익의 증여 등이 그 예이다.

한편 일반적으로 활용되는 창과 방패는 그리 복잡하지 않다. 세금을 줄이는 창은 '때를 사라'와 '합종연횡하라' 편에서 살펴보았다.

이제 어떤 방패가 있는지 살펴보자. 방패는 창을 막기 위한 것으로, 여기서 소개하는 방패들은 각각 합종책, 연횡책과 연관된다. 이들 방패는 시공초월 능력이 있어 T1과 T2라 이름 붙였다.^

우선 합종책에 대응한 방패 T1이다.

**T1사전 증여재산 합산과세** 망인(피상속인)이 생전에 증여한 재산을 상속재산에 합산하는 것이다. 피상속인이 상속인에게 증여한 재산은 상속 전 10년 이내면 합산되고, 상속인 아닌 자에게 증여한 재산은 5년 이내면 합산된다.

합산 이후 상속재산에 대해 상속세를 계산한다. 이때 예전에 낸 증여세는 상속세에서 빼준다. 2번 세금을 내지는 않게 한다.

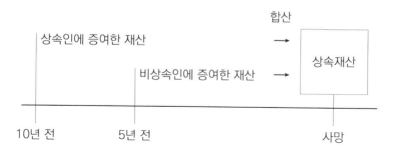

## ⊙ 사전 증여재산 합산과세

합산

상속인에 증여한 재산 →

상속재산

비상속인에 증여한 재산 →

10년 전          5년 전                      사망

T1의 역할은 이렇다.

피상속인이 사망하면 과거로 돌아가 증여재산이 있는지 찾는다. 과거 시간여행 기간은 10년(또는 5년)이다. 증여재산을 찾으면 상속재산에 합산하기 위해 현재로 데려온다. 그 이후 상속세를 계산하고 과거의 증여세는 빼준다.

T1의 시간여행 기간은 5년(3년)이었으나 1999년부터 10년(5년)으로 늘어났다.


다음 연횡책에 대응한 방패 T2이다.

T2이월과세 이는 증여받은 부동산을 팔 때 적용된다. 배우자나 부모 등의 직계존비속으로부터 부동산을 증여받고 이를 10년 내 양도하면 적용되는 것이다.

원래 양도차익은 양도자가 판 가격(양도가액)에서 당초 취득한 가격을 빼서 계산한다. 양도자가 증여받은 부동산을 양도하는 경우 당초 취득한 가격은 '양도자(수증자)가 증여받을 때의 가격'이 된다.


그런데 이월과세가 적용되면 취득한 가격은 '양도자(수증자)가 증여받을 때의 가격'이 아니라, 그 이전으로 가서 '증여자가 취득한 가격'으로 계산된다.

그러니 취득한 가격은 통상 낮아지고, 이에 따라 양도차익은 늘어난다. 양도차익에 양도세를 매기니 세금이 늘어나게 된다. (다만 증여받을 때 냈던 증여세는 빼준다)

## ⊙ 이월과세

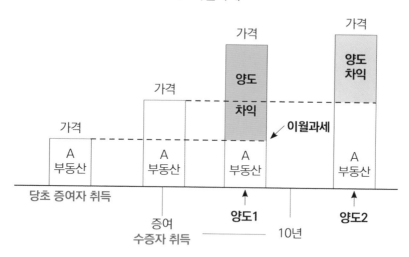

‣ 양도1은 이월과세가 적용된 양도차익이다. ▨

‣ 양도2는 10년이 넘어 이월과세가 적용 안 된 양도차익이다. ▨


## ⊙ 양도세 계산

|  |  |  |  |
|---|---|---|---|
|  | 양도가격(액) |  |  |
| (−) 필요경비(취득가격등) = | 양도차익 |  |  |
| (−) 장기보유특별공제 = | 양도소득금액 |  |  |
| (−) 기본공제[1] = | 과세표준 | (×) 세율 |  |
| = | 산출세액 |  |  |

1) 기본공제는 부동산과 주식 등으로 나눠 각각 1인당 연 250만원이다.

T2의 역할은 이렇다.

부동산을 팔면, 과거로 돌아가서 증여받은 부동산인지 확인한다. 과거 시간여행 기간은 10년이다. 10년 내 증여받은 것으로 확인되면 더 과거로 돌아간다. 더 과거의 애초 부동산 취득가격을 찾아 이를 기준으로 양도차익을 계산한다.

T2의 시간여행 기간은 5년이었으나, 가족 간 증여를 통해 양도세를 줄이는 것에 대응하여 2023년부터 10년으로 늘어났다.


한편 해외 주식도 T2가 적용될 가능성이 있다. 이는 2024년 7월 정부가 발표한 세법개정안에 포함되어 있다. 다만 개정안의 시간여행 기간은 2년이다.


T1이 예전부터 있던 방패라면, T2는 시간여행 기간 등 최근 성능이 업데이트된 방패이다.

# T1과 T2
## − 시공초월Ⅱ −

T1사전 증여재산 합산과세이 굳이 과거의 증여재산을 현재로 데려와 상속재산에 합치는 이유는 뭘까? 과거에 증여세를 냈을 텐데 말이다.

바로 누진세율 때문이다. 상속세는 누진세율 체계라서 상속재산이 많을수록 세율이 높아진다. 그래서 증여재산과 상속재산으로 구분하는 것보다 이를 합치면 통상 상속세가 많아진다.


결국 T1은 이렇게 보는 듯하다.

'증여는 상속세를 피하기 위한 수단이다' 또는 '설령 그게 아니라도 증여세는 상속세를 보완하니 10년(또는 5년) 내의 증여재산은 상속재산에 합치는 게 맞다'.

이 2가지 다 이유가 될 것이다. 다만 10년이라는 긴 시간을 생각하면 후자後者로 더 보는 듯하다.

## ⊙ T1의 이유
### 상속세 회피 방지 + 증여세는 상속세 보완

한편 T2이월과세가 '수증자의 취득한 가격'을 더 과거로 돌아가 '증여자의 취득한 가격'으로 대체하는 이유는 뭘까?

예를 들어 보면 그 이유를 알 수 있다.

배우자에게 부동산을 증여했다고 하자. 그 부동산은 증여자가 1억원에 취득했던 것으로, 증여할 때는 5억원이었다. 증여세 배우자 공제(공제한도 6억원)를 받으면 증여세는 안 내도 된다. 이후 배우자가 그 부동산을 8억원에 양도했다.

배우자의 양도차익은 원래 3억원(=8억-5억)인데, T2가 적용되면 7억원(=8억-1억)이 된다. 증여자가 배우자에게 증여하지 않고 자기가 그냥 양도한 경우의 양도차익 7억원과 동일하다.

배우자에게 증여를 하여 양도차익이 4억원(=7억-3억) 줄어든 것이다.

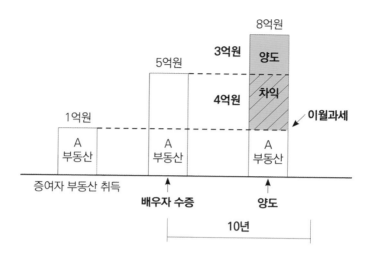

8억원

3억원 | 양도

5억원

4억원 | 차익

이월과세

1억원

A
부동산

A
부동산

A
부동산

증여자 부동산 취득

배우자 수증

양도

10년

‣ 다만 배우자가 양도할 때 1세대 1주택자로서 양도세 비과세 요건을 충족하면 T2
와 관계없이 비과세가 된다.

결국 T2는 양도차익이 줄어들지 않게 하려고 '수증자의 취득한 가격'을 '증여자의 취득한 가격'으로 대체한 것이다. 즉 양도세 회피를 막으려는 것이다. 이는 가족 간 증여가 양도세 회피 목적일 수 있다고 보기 때문이다.

**(생각해 봐요) T1, T2와 예측가능성**

T1과 T2는 세법의 원리에서 보면 다소 이래적일 수 있다. 세법에는 예측가능성과 안정성이라는 중요한 원리가 있다. 세금이 얼마만큼, 언제 나올지 예측가능해야 하고 한번 정해지면 안정되게 유지되어야 한다. 세법에서 과거로 거슬러 가는 소급은 경계대상이다. 그래야 사람들은 세금을 예측하고 돈을 쓰거나 행동을 할 수 있다.

일응 T1과 T2는 조세회피 방지를 위해 불가피하며 세법에 규정되어 있어 예측 가능하다고도 볼 수 있다.

그러나 세법에서는 예측되지만, 일상생활에서는 예측하지 못한 일도 생긴다. 재산을 증여받고 10년 내에 예측 못한 상속이 되거나 불가피하게 증여받은 재산을 양도해야 될 수 있다.

이런 경우 T1, T2가 적용되면 사람들은 예측 못한 세금을 낸다는 생각을 가질 수 있다. 요즘처럼 급변하는 시대에 10년은 불가피한 일이 생길 수 있는 시간이다. 시간여행 10년은 조금 길다는 생각이 든다.

# 증여세는 왜 낼까 I
## - 상속과 증여 사이 -

할리우드 배우 조지클루니가 친구 14명에 100만 달러(한화 약 11억원)씩을 선물해 화제가 되었다. 조지클루니는 2013년 9월 친구들을 집으로 초대해 20달러 지폐로 100만 달러를 채운 가방을 각각 건넸다고 한다. 당시 조지클루니는 "LA에 처음 왔을 때 소파에서 자며 생활했다. 너희가 아니었다면 지금의 내가 될 수 없었다. 너희가 내 인생에 얼마나 소중한지 알았으면 한다"고 말했다고 한다. 언론기사에서는 조지클루니가 친구들의 증여세까지 대신 납부했다고 나왔다.

조지클루니의 통 큰 선물에 팬들이 극찬했다. '이런 친구 있었으면', '나도 한번 해 봤으면'하는 반응들이 있었다.^

선물은 대가 없이 자신의 재산을 주는 것이다. 이는 통상 받는 사람을 기쁘게 하고, 주는 사람도 보람되게 한다.


선물의 다른 말은 증여이다. 증여도 자신의 재산을 누군가에게 주고 나누는 것이다. 이는 선행이고 좋은 일 아니었던가?

그럼 증여세는 왜 낼까? 당장 답변이 돌아온다. 증여세가 없다면 상속 대신 증여로 자식에게 재산을 다 넘긴다고 한다. 맞는 말이다.


한편 증여세는 부동산, 주식, 현금 등 모두 대상이 된다. 우리나라는 증여자가 아니라 수증자가 증여세를 낸다. 세율은 10~50%의 누진세율로 상속세와 같다.


⊙ 증여세 대상

| 증여란? | 납세의무자 |
|---|---|
| 직·간접적 방법으로 타인에게 무상으로 유·무형의 재산 또는 이익을 이전하거나 타인의 재산가치를 증가시키는 것 | 수증자 ○<br>증여자 × |

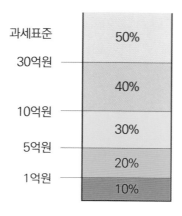

⊙ 상속세와 증여세의 과세표준별 세율

과세표준

| | 50% |
| --- | --- |
| 30억원 | 40% |
| 10억원 | 30% |
| 5억원 | 20% |
| 1억원 | 10% |

그럼 세법에서 증여세가 어떤 모습인지 살펴보자.

**상속세 보완** 증여세는 증여받은 재산에 대해 내고, 상속세는 피상속인이 남긴 재산에 대해 낸다. 증여와 상속은 '재산의 무상 이전'인 점에서 같다. 그리고 증여세와 상속세는 세율이 같고 계산방식은 비슷하다. 특이한 것은 앞서 본 T1사전 증여재산 합산과세이다. 즉 증여세가 상속세에 흡수되는 형태이다.

한편 조부모가 부모를 건너뛰어 손자녀에게 증여하면 증여세를 30%(또는 40%) 할증하여 과세한다. 이른바 '세대생략증여 할증과세'라 한다. 이는 상속세의 '세대생략상속 할증과세'의 영향을 받은 듯하다. 상속세와 증여세의 할증과세는 방식이 동일한데, 증여세만 보면 굳이 손자녀라고 할증할 이유는 없기 때문이다.

이를 보면 증여세는 상속세의 연장선에 있는 듯하다. 증여세가 상속세를 보완하고 있는 것이다.

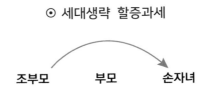

⊙ 세대생략 할증과세

조부모　　　부모　　　손자녀

| 대상 | 세대를 건너뛰어 증여나 상속하는 경우 |
|---|---|
| 할증률 | 30% |
| | 40%<br>(손자녀가 미성년자로서 상속·증여재산이<br>20억원을 넘는 경우) |

**공제방식** 증여세가 상속세와 다른 측면도 있다. 증여세는 상속세와 공제한도가 다르다. 공제한도 내 금액은 증여나 상속을 해도 증여세나 상속세를 내지 않는다.

증여세의 공제한도는 부모(또는 조부모)로부터의 성년자녀 증여는

5천만원, 부부간 증여는 6억원, 친인척 증여는 1천만원 등이다. 이들 공제한도는 10년간 적용된다.

한편 상속세의 공제한도는 배우자공제 5억원, 일괄공제 5억원 등이 있다.

즉 증여세와 상속세는 공제한도가 다르다. 증여는 생전에 매번 할 수 있는 반면, 상속은 그렇지 않은 특성도 반영된 듯하다.

### ⊙ 증여세 공제

| 배우자공제 | 6억원 |
|---|---|
| 직계존속→비속 | 성년 5천만원<br>미성년자 2천만원 |
| 직계비속→존속 | 5천만원 |
| 친족 | 1천만원 |
| 혼인·출산 공제 | 1억원 |

### ⊙ 상속세 공제

| 기초공제 | 2억원 |
|---|---|
| 배우자공제 | 최소 5억원, 최대 30억원 |
| 자녀공제 | 1인당 5천만원 |
| 미성년공제 | 1천만원×19세까지 연수 |
| 연로자공제 | 1인당 5천만원 |
| 장애인공제 | 1천만원×기대여명 |
| 일괄공제 | 5억원 |

세법에서 증여세의 모습을 보니 '증여세는 왜 낼까'에 답을 하나는 찾은 듯하다. 상속세 때문이다. 증여세는 상속세를 보완하고 있다.

증여세가 없으면 생전 증여로 상속세가 무용지물이 될 것이다. 반대로 상속세가 없어도 증여세가 위태로워진다. 상속될 때까지 증여를 미룰 수 있기 때문이다.


한편 상속세는 나름의 존재이유가 있다. '부의 대물림 방지'이다. 물론 상속세가 필요한 지에 대해서는 계속 논쟁 중이다. 어쨌든 증여세가 상속세를 보완하고 있으니, 증여세도 '부의 대물림 방지' 존재이유를 공유하고 있다.

🍎 한편 상속은 '부의 대물림'이 아닌 경우도 있다.

자녀뿐만 아니라 배우자나 부모, 친구에게도 상속이 된다. 유언으로 증여하는 유증遺贈은 상속과 같은 효력이 있는데, 망인이 친구에게 유증하면 사실상 상속과 같다. 이 경우에도 상속세는 내야 된다. 부의 대물림은 아니지만 상속에 따른 세금이니 불가피하다. 부의 대물림(자녀·손자녀 상속)만 골라내어 상속세를 매기기는 어려울 것이다.


이는 증여세도 같다. 부의 대물림이 아니라도 증여받은 사람은 누구든 증여세를 낸다.

친구에게 선물을 준 조지클루니가 증여세를 낸 이유이기도 하다.

# 증여세는 왜 낼까 Ⅱ
## - 기부와 증여 사이 -


그럼 증여세를 내는 또 다른 이유가 있을까? 증여세 자체로서 필요하다든지 다른 이유 말이다. 힌트를 얻기 위해 증여의 현장들을 보자.


앞서 조지클루니의 '선물'을 얘기했는데, 그는 '기부'도 많이 한다고 한다. '기부'도 증여의 한 형태이다.

대부분 국가들이 기부를 장려하려고 많은 지원을 하고 있다. 우리도 공익단체에 기부하면 증여세를 안 낸다. 그리고 기부자에게는 세액공제를 통해 소득세를 줄여준다. 기부금 1천만원까지 15%, 1천만원을 넘으면 30%가 공제된다. 2024년에는 3천만원을 넘으면

40%까지 공제하고 있다. 이렇게 '기부'라는 증여는 우대받고 있다.


그리고 증여는 당사자에 따라 재산의 수평이동이거나 부의 재분배 기능도 있다. 기부금 세제지원은 통상 공익단체에 기부한 경우 적용되지만, 그렇지 않더라도 증여가 선행이 되는 경우는 많다. 증여를 통해 돈이 더 필요한 사람에게 흘러가기 때문이다. 조지클루니가 친구들에게 준 선물도 그랬다.


이런 사례들을 보면, 증여 자체를 부정적 시각에서 볼 필요는 없을 것 같다. 사실 자녀에 대한 증여는 사회적으로 이미지가 썩 좋지는 않다. 큰 부자들이 편법 증여를 통해 부를 대물림하는 것을 보면 더욱 그렇다.
그러나 여기서는 큰 부자들보다 일반인의 일상생활에서 종종 발생하는 증여를 말하고자 한다.

한편 상속세 보완 외에 증여세가 필요한 다른 이유가 있는지도 의문이다.

다른 이유가 있다면, 증여세 자체로도 필요하니 증여세를 상속세보다 많이 거둘 수 있을 것이다. 그러나 없다면, 증여세는 상속세 범위 내에서 거두는 것이 자연스럽다. 더 많이 거둘 이유가 없는 것이다. (다음 편 '실패는 증여세의 것몫' 편에서 내용이 이어집니다)

🍎 조지클루니의 선물 이야기로 돌아가 보자.

언론 기사에서는 그가 친구들의 증여세까지 대신 납부했다고 나왔다. 이는 오류로 보인다. 미국은 증여자가 증여세를 내기 때문이다. 수증자가 내는 우리나라와 다르다. 그러니 '대신'이라기보다 자신의 세금을 낸 것이다.

그의 좋은 이미지 때문에 다른 것들도 다 좋게 봐주고 싶었던 것 아닌가 생각된다.^

# 실패는 증여세의 것몫
## – 미국은 없고 한국은 있다 –


미국은 없고 한국은 있다. 증여세gift tax와 상속세estate tax 사이 간극 말이다. 이에 따라 한국에서 실패는 증여세의 것이 된다. 왜 그런지 살펴보자.


우선 미국의 증여세를 보면 그 특징은 3가지 정도이다.

첫째 증여세와 상속세의 통합공제가 있다. 이는 증여와 상속을 구분하지 않고, 평생 공제(면제)한도Lifetime Gift Tax Exemption를 준다. 이 한도는 매년 올려준다. 2024년 1,361만 달러(한화 약 180억원)이다. 조지클루니가 선물을 주었던 2013년에는 525만 달러였다. 그 금액까지는 증여세나 상속세가 없는 것이다.

둘째 증여는 연간 공제(면제)한도Annual Exclusion가 있다. 이 한도도 매년 올려준다. 2024년은 1만8천 달러(약 2천3백만원)이다. 특이점은 매년 초기화되는 것이다. 즉 다음 해에는 새로 생긴다.

셋째 부부간에는 증여세와 상속세가 없다.

한편 증여세와 상속세 세율은 18%~40%이다.

### ⊙ 미국의 상속·증여 평생 공제한도
### Lifetime Gift Tax Exemption

| | |
|---|---|
| 2011년 | 500만 달러 |
| 2012년 | 512만 달러 |
| 2013년 | 525만 달러 |
| 2014년 | 534만 달러 |
| 2015년 | 543만 달러 |
| 2016년 | 545만 달러 |
| 2017년 | 549만 달러 |
| 2018년 | 1,118만 달러 |
| 2019년 | 1,140만 달러 |
| 2020년 | 1,158만 달러 |
| 2021년 | 1,170만 달러 |
| 2022년 | 1,206만 달러 |
| 2023년 | 1,292만 달러 |
| 2024년 | 1,361만 달러 |

## ⊙ 미국의 증여 연간 공제한도
### Annual Exclusion

| 1981~2001년 | 10,000달러 |
|---|---|
| 2002~2005년 | 11,000달러 |
| 2006~2008년 | 12,000달러 |
| 2009~2012년 | 13,000달러 |
| 2013~2017년 | 14,000달러 |
| 2018~2021년 | 15,000달러 |
| 2022년 | 16,000달러 |
| 2023년 | 17,000달러 |
| 2024년 | 18,000달러 |

이에 따라 미국은 증여를 하면 연간 공제한도를 먼저 쓰고, 이 한도를 넘으면 평생 공제한도를 쓰게 된다. 연간 공제한도를 넘으면 세무당국에 보고해야 한다. 이에 따라 기록이 누적된다.

미국은 평생 공제한도를 증여와 상속이 같이 쓰기 때문에, 증여세가 상속세를 넘지 않는다. 오히려 증여는 연간 공제한도가 있어 그 공제한도까지는 상속보다 유리하다.

일본도 연간 공제한도가 있다. 그 금액은 110만엔이다.

그럼 우리나라의 경우를 보자.

예를 들어 망자가 생전에 성년자녀에게 8천만원을 증여했다고 하자. 성년자녀 증여 공제한도는 5천만원으로, 3천만원(=8천만-5천만)에 대해 증여세를 냈다. 이후 망자가 사망하고 상속재산은 8억원이었다. 망자에게는 배우자가 있었다.

한편 배우자와 자녀가 있으면 통상 10억원 이하의 상속재산은 상속세를 안 낸다. 자녀만 있으면 그 금액은 5억원이다. 배우자공제 5억원, 일괄공제 5억원 때문이다. 다만 다른 요인에 따라 상속세를 안 내는 금액은 커질 수 있다.

망자의 상속재산은 8억원으로 10억원에 못 미쳐 상속세는 내지 않았다.

그러고 보니 망자가 8천만원을 증여하지 않고 상속 때까지 미뤘다면 상속세는 내지 않았을 것이다. 그땐 증여도 하지 않았으니 증여세도 내지 않았을 것이다.

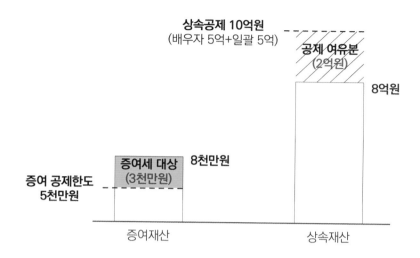

망자는 자녀가 돈이 필요해서 증여했을 수 있다. 아니면 잘못된 정보를 듣고 절세한다고 증여했을 수도 있다. 시중에는 미리 증여를 하면 상속세를 줄일 수 있다는 절세 제안이 많다. 그런데 이는 개별 사례마다 다를 수 있는 것이다.

어쨌든 결과적으로 상속세를 넘어 증여세를 냈다.

그런데 이것이 증여세 취지에 맞는지 생각해 보자. 앞서 본 대로 증여세는 상속세를 보완하고 있다. 그러나 상속세 보완 외 다른 존재 이유가 증여세에 있는지는 의문이었다. 다른 존재 이유가 없다면 증여세는 상속세 내에서 거두는 것이 자연스럽다.


한편 앞서 본 대로 미국의 증여세는 달랐다. 증여세가 상속세를 넘어서지 않는다.
즉 증여세와 상속세 사이 간극이 미국은 없고 한국은 있는 것이다.


일상생활에서 증여는 상속세 절세에 많이 활용된다. 생전에 적절히 증여하여 상속재산을 줄이는 것이다. 그러나 예측이 빗나가거나 세금을 잘 몰라서 절세에 실패할 때가 있다. 미리 증여하여 증여세를 냈는데, 증여세와 상속세의 공제한도가 달라 결과적으로 증여세를 상속세보다 더 낸 경우가 그렇다.
결국 실패는 증여세의 것몫이 된다.

🍎 우리의 증여세와 상속세 공제한도는 개정한 지 오래되었다. 증여세의 자녀공제(5천만원)는 2014년, 배우자공제(6억원)는 2008년에 개정된 것이고, 상속세의 배우자공제(5억원)와 일괄공제(5억원)는 1997년 개정이 마지막이었다. 미국의 경우 물가상승을 감안해 매년 공제한도를 올려주는 것과 대비된다.


그리고 미국과 일본은 매년 연간 증여 공제한도가 따로 있다. 이는 두 가지 효과가 있다.

첫째 매년 공제한도가 새로 생기니 증여 유도 효과가 있다. 이는 부의 빠른 이전에 도움이 된다. 고령화에 직면한 많은 국가들이 부의 빠른 이전을 위해 증여를 해결책으로 활용 중인 것을 우리도 유념할 필요가 있다.

둘째 공제한도 내에서는 1년이 지나면 새로 증여금액을 계산하면 되니, 당사자도 편리하고 법적 불확실성이 줄어든다.

## ⊙ 증여 공제한도 개정연혁

| | | ~2002년 | 2003년 | 2008년 | 2014년 | 2016년 | 2024년 |
|---|---|---|---|---|---|---|---|
| 배우자공제 | | 5억원 | 3억원 | 6억원 | | | |
| 직계존속→비속 | (성년)<br>(미성년) | 3천만원<br>1천5백만원 | | | 5천만원<br>2천만원 | | |
| 직계비속→존속 | | 3천만원 | | | | 5천만원 | |
| 친족 | | 5백만원 | | | | 1천만원 | |
| 혼인·출산 공제 | | | | | | | 1억원<br>(신설) |

# 상속세 유토피아

이젠 상속세다

물꼬 전쟁

수평이동과 수직낙하

이혼 권유勸諭

가업이 뭘까요

# 이젠 상속세다

## - 아파트와 상속세 -

- 가수 윤수일의 노래 '아파트' 中 -

별빛이 흐르는 다리를 건너 바람부는 갈대숲을 지나

언제나 나를 언제나 나를 기다리던 너의 아파트

'아파트'는 1982년 처음 나왔다. 1980년대를 강타했던 히트곡이다. 가사에는 당시 서울 강남 등의 아파트 붐 시대상황이 반영되어 있다. 스포츠 응원가로도 많이 쓰인다. 이에 윤수일은 원래 신나게 부른 곡이 아니어서 처음엔 당혹스러웠다고 한다.

어쨌든 지금 불러도 이 노래는 낯설지 않다. 아파트값 등락과 함께 다가오는 노래의 느낌도 다른 듯하다.

최근에는 가수 로제와 Bruno Mars가 부른 APT.가 전 세계를 휩쓸고 있다. 아파트 붐이 계속되고 있다. 더 강력해졌다.^

그럼 아파트값 상승 현장으로 가보자.

슬금슬금 오르던 집값이 코로나19 전후 급격히 치솟았다. 당시 영혼까지 끌어모아 집을 사는 영끌도 나왔다. 이후 집값이 떨어지면서 꼭지점에 판 승자와 이를 잡은 패자로 나뉘었다. 요즘 서울·수도권 집값이 다시 오르는 것을 보면 승부는 아직 끝나지 않았다.^

당시 다주택자들은 투기세력으로 몰리는 분위기였다. 집값 폭등의 주범으로 지목되며, 다주택자 양도세 세율은 20~30%포인트 높아졌다. 이에 집을 팔고 싶어도 양도세 때문에 못 판다고 아우성이 들끓었다.

이어 타깃은 종부세였다. 집값 상승에 맞춰 주택 공시가격이 올라갔다. 여기다 종부세 세율도 높아졌다. 이에 따라 종부세 부담이 급격히 늘어났다. 종부세 고지서가 나오는 11월부터 연말에는 불만들이 더욱 터져 나왔다.

2022년부터 양도세와 종부세는 이전 수준으로 환원되었으나, 오른 집값은 여전히 영향을 미치고 있다.

집값 오를 때 나온 우스갯소리가 있다. '팔자니 양도세, 살려니 종부세, 죽자니 상속세'라고 한다. 양도세에서 종부세로, 이젠 상속세다.

최근 상속세 내는 사람이 급증하고 있다. 특히 서울·수도권에 집 한 채 있으면 내야 하는 경우가 많다. 2003년 1,720명이 냈던 상속세를 2023년에는 1만9,944명이 냈다.

### ⊙ 상속세 납세인원(피상속인 수 기준)

(단위: 명)

|  | 2003년 | 2017년 | 2019년 | 2021년 | 2022년 | 2023년 |
|---|---|---|---|---|---|---|
| 과세(납세) 인원 | 1,720 | 6,986 | 8,357 | 12,749 | 15,760 | 19,944 |
| 결정(사망) 인원 | 227,209 | 229,826 | 345,290 | 344,184 | 348,159 | 292,545 |

※ 출처: 국세청 국세통계포털

상속세는 모든 재산이 대상이다. 부동산, 주식, 현금 등 모두 포함된다. 피상속인의 채무는 빼준다. 피상속인이 사전에 증여한 재산은 상속재산에 합산된다.

## ⊙ 상속세 과세표준 계산

| | | | |
|---|---|---|---|
| | <u>상속재산</u> | (−) 채무, 장례비·공과금 등 | (+) 사전 증여재산 |
| = | <u>과세가액</u> | (−) 상속 공제 | |
| = | <u>과세표준</u> | (×) 세율 = 산출세액 | |

‣ 피상속인이 거주자인 경우 모든 상속재산이 대상이고, 피상속인이 비거주자인 경우 국내의 모든 상속재산이 대상이다.

이렇게 해서 과세되는 상속재산이 정해지면, 상속 공제를 뺀 후 세율을 곱해 상속세가 계산된다. 상속 공제는 배우자공제 최소 5억원, 일괄공제 5억원 등이 있다. 배우자공제는 실제 상속받지 않아도 적용된다. 일괄공제는 자녀가 있어야 적용된다.

정확하게는 배우자공제는 5억원을 넘어도 법정상속분 내의 실제 상속받은 금액이 공제된다. 다만 30억원의 공제한도가 있다.
한편 자녀공제는 1인당 5천만원인데 기초공제 2억원과 합한 금액을 적용한다. 이들 합한 금액과 일괄공제 중 하나만 선택할 수 있어, 자녀 6명 이하까지는 일괄공제를 선택하는 것이 유리하다.

## ⊙ 상속 공제

| 기초공제 | | 2억원 |
|---|---|---|
| 인적<br>공제 | 배우자공제 | 최소 5억원,<br>법정상속분 내 실제 상속액(30억원 한도) |
| | 자녀공제 | 1인당 5천만원 |
| | 미성년자공제 | 1천만원 × 19세까지의 잔여연수 |
| | 연로자공제 | 1인당 5천만원 |
| | 장애인공제 | 1천만원 × 기대수명의 잔여연수 |
| 일괄공제 | | 5억원 |

▸ ▉ 합계액과 ▉ 일괄공제 중 하나만 선택 적용된다.
▸ 이 외에도 금융재산공제, 가업상속공제, 영농상속공제 등이 있다.


심플하게 기본적인 공제만 적용된다고 가정하면, 통상 배우자공제 5억원과 일괄공제 5억원을 합하여 10억원이 공제된다.
그러니 상속재산이 10억원을 넘으면 상속세를 내야 될 수 있다.
배우자가 없으면 그 금액은 5억원이다.

현실로 돌아와 보자. 집값이 올라 10억원(또는 5억원) 넘는 집들이 많다. 서울·수도권은 특히 그렇다. 더욱이 상속세는 공시가격이 아닌 시중 거래가격으로 계산된다. 그러니 이제 상속세는 더 이상 남의 얘기가 아니게 되었다.


상속세는 만만치 않다. 증여는 통상 일상생활 중에 이루어져 세무당국도 포착하기가 쉽지는 않다. 빌려준 것이라고 하면 증여인지 애매하기도 하다.
반면 상속은 '사망'이라는 명확한 사건이 있다. 이를 계기로 세무당국은 망자의 모든 재산과 계좌내역 등을 들여다본다. 생전에 증여가 있었는지도 살펴본다. 세무당국은 상속재산을 파악하여 상속세를 계산해야 하는 책무가 생긴 것이다. 그러니 상속세는 대충대충 피해 가기가 쉽지 않다.


한편 상속세 납부자가 늘어난 것은 양도세나 종부세와는 그 양상이 다르다. 양도세나 종부세는 당시 세부담 강화를 위한 세법 개정의 결과였다. 그러나 지금의 상속세는 세법 무無개정의 결과이다. 배우자공제와 일괄공제의 5억원은 1997년의 금액이다. 이는 27년 간 유지되고 있는 것이다.

그간 세법 개정이 없었던 것도 이유는 있다. 양도세는 집을 팔면 당장 내야 되고, 종부세도 집이 있으면 매년 낸다. 반면 상속세는 예기치 않게 발생하고 일생에 1번이다. 자신에게 닥칠 거라는 인식도 별로 없다. 그러니 일반인들은 상속세 공제금액에 다소 무관심하였다.

⊙ 1997년 상속 공제 개정내용

|  | ~1996년 | 1997년~ |
|---|---|---|
| 배우자공제 | 1억원+(결혼년수×1,200만원) 또는 법정상속분 내 실제 상속액(10억원 한도) | 5억원 또는 법정상속분 내 실제 상속액(30억원 한도) |
| 일괄공제 |  | 5억원(신설) |

# 물꼬 전쟁
## – 부의 이전 –

'물꼬 싸움을 벌이다 이웃 주민에게 흉기를 휘두른 40대가 경찰에 붙잡혔다.' 1990년대 한 신문기사이다.

논에 물 대기는 1년 농사의 성패를 좌우했다. 모내기 철에는 논에 물이 가득 차야 벼가 잘 자란다. 그래서 제 논에 물 대기 위해 종종 싸움이 벌어졌다. 사이좋던 이웃이라도 얼굴을 붉히며 언성이 높아졌다. 물꼬에 따라 어떤 논은 물이 차고, 어떤 논은 물이 메말랐다. 점차 농지가 정리되고 관개시설이 갖춰지면서 물꼬 싸움은 많이 줄어들었다.

한편 앞서 본 대로 상속세 공제금액은 27년간 유지되어 오고 있다. 다만 이를 높이는 법안들이 올해 국회에 제출되어 있다.

정부는 자녀공제를 1인당 5천만원에서 5억원으로 높이는 세법개정안을 2024년 9월 국회에 제출했다. 현재 자녀공제와 일괄공제 중 하나만 적용되는데, 자녀가 7명은 되어야 일괄공제보다 금액이 커진다. 요즘 자녀 7명 이상은 극히 드무니 자녀공제는 거의 사문화되어 있다.

그리고 의원입법안으로 일괄공제 5억원 등을 높이는 법안들이 국회에 제출되어 있다.

올해 말에는 공제금액이 높아질 가능성이 있다.

그런데 유의할 것이 있다.

사람들의 고민 중 하나는 재산을 물려줄 때 상속을 할지, 미리 증여를 할지이다. 이때 중요한 것이 세금이다. 상속이 유리하면 상속을 선택하고, 증여가 유리하면 증여를 선택할 가능성이 커진다.

한편 우리나라는 상속세와 증여세의 공제가 별도로 운영된다. 이에 따라 상속세 공제를 확대해도 증여세 공제는 그대로이다.

반면 상속세와 증여세의 세율 체계는 같다. 상속세 세율을 개정하면 통상 증여세도 같이 개정한다. 2024년 정부의 세법개정안에는 상속세와 증여세 세율을 함께 내리는 안이 포함되어 있다.

⊙ 상속세 및 증여세 과세표준별 세율

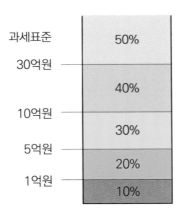

그래서 상속세 공제를 확대하면 상속세가 줄어들어 상속이 증여보다 유리해질 수 있다. 이에 따라 상속이 선택받을 가능성이 커진다. 굳이 미리 증여를 안 하는 것이다.

## ⊙ 상속세 공제

| 기초공제 | 2억원 |
|---|---|
| 배우자공제 | 최소 5억원, 최대 30억원 |
| 자녀공제 | 1인당 5천만원 |
| 미성년공제 | 1천만원×19세까지 연수 |
| 연로자공제 | 1인당 5천만원 |
| 장애인공제 | 1천만원×기대여명 |
| 일괄공제 | 5억원 |

## ⊙ 증여세 공제

| 배우자공제 | 6억원 |
|---|---|
| 직계존속→비속 | 성년 5천만원<br>미성년자 2천만원 |
| 직계비속→존속 | 5천만원 |
| 친족 | 1천만원 |
| 혼인·출산 공제 | 1억원 |

올해 국회 제출된 법안들은 주로 상속세 공제를 늘리는 내용들이다. 증여세는 다소 관심 밖인 듯하다.

이는 외국의 사례들을 참고해 생각해 볼 필요가 있다.

고령화를 벌써부터 겪고 있는 일본은 이미 20여년 전에 노노상속(老人이 老人에게 상속)이 사회 문제로 떠올랐다. 돈이 경제 활동이 왕성한 세대로 넘어가지 않으니, 경제에 활력이 생기지 않는다는 것이다. 이에 일본은 부의 빠른 이전을 유도하기 위해 증여세에서 그 해법을 찾고 있다.

일본은 증여 공제를 확대해 오고 있으며, 매년 적용되는 공제한도 (110만엔)도 있다. 그리고 상속 전 3년 이내의 사전 증여재산을 상속재산에 합산해 왔는데, 가급적 빠른 시기에 증여하도록 그 기간을 2024년부터는 7년 이내로 확대하였다. 상속재산에 합산되는 것을 피하기 위해 사람들이 더 미리 증여하도록 유도하기 위한 것이었다.

한편 미국은 1932년 대공황 때 증여세 세율을 상속세보다 대폭 낮춘 법안을 통과시켰다. 1932년 미국의 상속세 최고세율은 5천만불 초과금액의 45%였으나, 증여세 최고세율은 1천만불 초과금액의 33.75%였다. 그 후 증여세 세율은 상속세 세율보다 대체로 낮게 유지되면서 점차 높아지다가 1977년에 5백만불 초과금액의 70%로 증여세와 상속세의 세율이 같아진다. 이후에는 점차 세율이 낮아진다.

대공황 때 증여세 세율을 상속세보다 낮춘 것은 재정수입을 빨리 확보하려는 의도가 있었다. 부자들이 생전에 빨리 증여하도록 하여 증여세 수입을 확보하기 위한 것이었다. 즉 나중에 들어올 상속세를 증여세로 미리 거두기 위한 조치였다.

## ⊙ Changes in Estate and Gift Tax Rates
## 미국의 상속세와 증여세 세율 변화

| Estate Tax(상속세) Changes | | Gift Tax(증여세) Changes | |
|---|---|---|---|
| Dates in Effect | Description | Dates in Effect | Description |
| June 6, 1932 | Maximum estate tax rate raised from 20 to 45 percent,effective after 5pm. | June 6, 1932 | Gift tax enacted with a maximum rate of 33.75 percent. |
| May 11, 1934 | Rate increased to 60 percent. Act of May 10, 1934. | Jan.1, 1935 | Rate increased to 45 percent. |
| Aug. 31, 1935 | Rates increased to 70 percent. Act of August 30, 1935. | Jan.1, 1936 | Rate increased to 52.50 percent. |
| June 26, 1940 | Temporary10 percent surtax. Enacted June 25, 1940;and effective through 1945. | June 26, 1940 | Same as estate tax. |
| Sep. 21, 1941 | Maximum rate set to 77 percent. Act of September 20,1941. | Jan. 1, 1942 | Rate increased to 57.75 percent. |
| Oct. 22, 1942 | Estate tax exemption increased. Enacted October 21,1942. | Jan. 1, 1943 | Gift tax exemption reduced. |
| Jan. 1, 1977 | Rate reduced to 70 percent. Enacted on October 4,1976. | Jan. 1, 1977 | Estate and gift tax unified, and maximum gift taxrate increased to 70 percent. |
| Jan. 1, 1982 | Maximum rate reduced from 70 percent to 50 percentover 4 years (1982-1985). Unlimited deduction forspousal transfers. Enacted on August 31, 1981. | Jan. 1, 1982 | Same as estate tax. |
| Jan.1, 1985 | Maximum rate frozen at 55 percent by legislationenacted on July 18, 1984. | Jan.1, 1985 | Same as estate tax. |

※ 출처: The Federal Gift Tax: History, Law, and Economics(David Joulfaian, US Department of the Treasury, 2007)

증여와 상속은 그 재산의 발원지發源地가 같다. 다만 증여는 생전에 빠르게 이전되고, 상속은 천천히 이전되는 특징이 있다. 즉 증여인지 상속인지에 따라 부의 세대 간 이전 속도가 달라진다.

한편 상속세 공제 확대로 상속이 유리해지면 재산의 물꼬가 상속 쪽으로 트일 수 있다. 이때 증여의 물꼬가 좁아지거나 막히는 것을 경계해야 한다. 고령화에 직면하고 있는 우리는 부의 이전 속도를 염두에 두고 있어야 한다.

⊙ 부의 이전

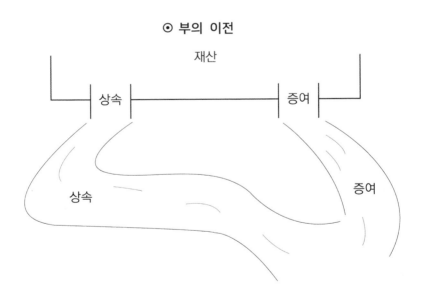

# 수평이동과 수직낙하

## - 낙하할 때는 날개가 없다 -

"당신은 와이프를 믿으시나요? 그렇다면 그 돈을 와이프에게 증여하세요."

1995년 개봉작 '쇼생크탈출'에서 세금문제로 고민하던 교도소 간수에게 주인공 앤디가 절세방법을 조언해 주는 장면이다. 이는 입소문을 탔고 다른 교도소 간수들까지 그에게 자문을 받으려고 줄을 섰다. 세금보고 시즌엔 사무실까지 차릴 정도였다. 그 후 앤디는 간수들의 절대적 신뢰를 얻고 교도소 생활은 편해졌다. 이를 발판으로 앤디는 훗날 쇼생크 교도소를 탈출하게 된다.


앤디의 조언은 바로 수평이동 전략이었다.

미국의 경우 부부간에는 상속세와 증여세가 없다. 금액에 관계 없

다. 부부간 세금을 없앤 것은 1982년부터이다. 쇼생크탈출에서 간
수가 고민하던 금액은 3만5천불인데, 당시 배경인 1949년에는 6
만불이 부부간 공제(면제)금액이었다.

부부간에는 상속세나 증여세가 없거나 적으니, 이를 활용는 것이
수평이동 전략이다.


한편 우리나라의 상속세 배우자공제는 최소 5억원에서 30억원까
지 가능하다. 증여세 배우자공제는 10년간 6억원이다. 금액 제한
이 없는 미국보다는 적지만, 우리의 다른 공제들에 비해 배우자공
제는 금액이 큰 편이다.


### ⊙ 우리나라 증여세 공제

| 배우자공제 | 6억원 | |
|---|---|---|
| 직계존속 → 직계비속 | 성년 5천만원<br>미성년자 2천만원 | 10년 한도 |
| 직계비속 → 직계존속 | 5천만원 | |
| 친족(6촌 이내 혈족, 4촌 이내 인척) | 1천만원 | |
| 혼인·출산 증여 공제 | 1억원 | 평생 한도 |

결국 상속할 때 배우자가 있는지 여부(배우자공제 여부)에 따라 상속세에 차이가 생긴다. 증여세도 마찬가지이다.

우리나라에서도 배우자공제를 통해 상속세나 증여세를 줄일 수 있으니, 부부간 '수평이동' 전략은 유효하다.

한편 '수평이동' 전략에 머무르지 말고 '수평이동과 수직낙하' 전략을 알아야 한다.

우리나라는 배우자와 자녀가 있으면 통상 10억원 이하의 상속재산은 상속세를 안 낸다. 자녀만 있으면 그 금액은 5억원이다. 배우자공제는 최대 30억원이니 배우자와 자녀가 있으면 35억원까지는 상속세를 안 낼 수 있다.

앞서 본 대로 배우자가 있으면 배우자공제를 받아 상속세가 줄어든다. 즉 수평이동이 가능하다. 이후 남은 배우자마저 사망하면 자녀들은 배우자공제가 없으니 세금이 많아진다. 즉 수직낙하하게 된다.

'수평이동과 수직낙하' 전략은 수평이동 때 수직낙하에 대비하자는 것이다. 즉 첫 부모님 상속 때 상속계획을 대략 세워 놓자는 것이다. 남은 부모님도 자녀들보다 먼저 사망하게 되면 다시 상속이 되니 이를 대비하려는 취지이다.

심플하게 예를 들어 상속재산이 10억원이면 배우자공제와 일괄공제를 받아 상속세가 없다. 그런데 이 10억원을 배우자가 상속받고 이후 사망하면 다시 자녀에게 상속된다. 이때는 일괄공제 5억원만 받으니 상속세를 내야 된다. 만일 첫 부모님 상속 때 자녀에게 재산 5억원을 넘겨 놓았다면 상속세를 안 내도 된다.

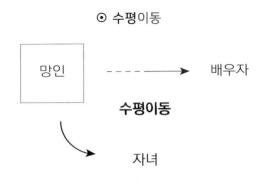

⊙ 수평이동

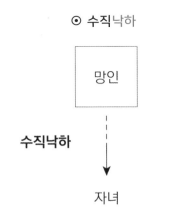

⊙ 수직낙하

이는 첫 부모님 상속 때 자녀에게 많이 물려줄수록 좋다는 말은 아니다. 자녀에게 주는 재산이 많아지면 누진세율로 오히려 세금이 늘어날 수도 있다.

한편 배우자에게 많이 물려주면, 이후 남은 배우자도 사망하여 자녀에게 재상속이 될 때 다시 상속세를 내야 될 수 있다. 재상속될 때는 처음의 상속세를 빼주는 단기 재상속 세액공제가 있는데, 이는 기간 제한이 있다. 1년 내 재상속이 되면 냈던 상속세의 100%를 공제하고, 점차 공제율이 낮아져 10년 내 재상속되면 10%가 공제된다. 기간이 지날수록 공제율이 낮아진다.

결국 상속재산 규모에 따라 자녀와 배우자에게 어떻게 물려주는 것이 유리할지는 달라진다.

사실 상속이 개시되면 절세방안이 별로 없다. 상속은 사망에 따라 자동 개시되는데, 상속세를 내야 되는 상속재산은 상속 개시와 동시에 정해지기 때문이다. 상속개시 전에는 절세를 위해 증여나 양도 등을 활용할 수 있으나, 상속개시 후에는 이와 상황이 다르다.

이때 수평이동과 수직낙하 전략을 생각해 볼 수 있다. 이는 첫 상속 때부터 재상속될 때를 대비하여 상속세를 고민하자는 취지이다.

### ⊙ 단기 재상속 세액공제

| 재상속 기간 | 공제율 |
|---|---|
| 1년 이내 | 100% |
| 2년 이내 | 90% |
| 3년 이내 | 80% |
| 4년 이내 | 70% |
| 5년 이내 | 60% |
| 6년 이내 | 50% |
| 7년 이내 | 40% |
| 8년 이내 | 30% |
| 9년 이내 | 20% |
| 10년 이내 | 10% |

🍎 한편 상속재산의 배분은 망자와 가족들의 그간의 삶과 역학관계 등 다양한 요인에 의해 정해질 것이다. 사실 절세방안이 누군가 상속재산을 더 분배받기 위한 도구로 쓰이는 것은 맞지 않는 것 같다. 하나의 고려요인이라는 생각이 든다.

### ⊙ 상속 순위

| 1순위 | 직계비속(자녀, 손자녀 순) | 배우자 공동 상속 |
|---|---|---|
| 2순위 | 직계존속 | 배우자 공동 상속 |
| | 직계비속, 존속이 없으면 | 배우자 단독 상속 |
| 3순위 | 형제자매 | |
| 4순위 | 4촌 이내 방계혈족 | |

### ⊙ 법정상속분

▸ 배우자 법정상속분: 1.5 / 4.5 (= 1.5 + 1 + 1 + 1)
▸ 자녀 각각 법정상속분: 1 / 4.5

# 이혼 권유勸諭
## - 이혼과 증여 사이 -

요즘 안방tv에는 이혼 콘텐츠가 봇물이다. 우리 이혼했어요TV조선, 돌싱포맨SBS, 이혼숙려캠프JTBC, 굿파트너SBS, 결혼과 이혼 사이 TVING 등 이름도 기발하다. 돌싱들의 한 미팅 프로그램을 보니, 서로 제일 궁금한 것이 이혼사유이다. 성격차이, 가족갈등, 외도 등 그 사유도 다양하다.

한편 2017년 9월 12일 대법원 법정으로 가보자.
"법률상의 부부관계를 해소하려는 당사자 간의 합의에 따라 이혼이 성립한 경우 그 이혼에 **다른 목적**이 있다 하더라도 당사자 간에 이혼의 의사가 없다고 말할 수 없고..." 땅땅땅.

무슨 말인가? 이혼에 다른 목적이 있더라도 진짜 이혼할 의사가 있었으면 가장(거짓)이혼이 아니라는 것이다.

사건의 전말은 이랬다.

A씨와 망인은 30년간 혼인생활을 하였는데, 혼인 당시 망인에게는 전처와의 사이에 낳은 5명의 자녀가 있었다. A씨는 전처 자녀들과의 상속분쟁을 피하려고 망인이 82세 되던 해에 이혼하고, 50억원을 재산분할로 받았다.

이혼 후에도 A씨는 7개월 후 망인이 사망할 때까지 동거하면서 수발을 들고 재산을 관리했다.

이에 세무당국은 재산분할 명목으로 증여세를 회피하려고 가장이혼을 했다고 주장했다. 즉 증여세를 내라는 것이다.

그러나 대법원은 재산분할 목적이 있어도 진짜 이혼한 것으로 볼수 있다고 했다. 가장이혼이 아니라는 것이다. 결국 재산분할도 이혼사유가 될 수 있다는 것이다. 성격차이나 외도처럼 말이다.

이혼할 때 재산분할에는 증여세가 없다. 재산분할은 자기 재산을 가져가는 개념이기 때문이다.

그런데 앞서 보았듯이 배우자에게 증여할 때는 배우자공제 6억원을 넘으면 증여세를 내야 한다. 상속세 배우자공제는 5~30억원이다. A씨는 50억원을 받았으니 증여세를 냈다면 금액이 상당했을 것이다.

그렇다 보니 세무당국은 망인이 증여세를 안 내고 A씨에게 돈을 주려고 재산분할을 이용했다는 주장이다. 재산분할은 이혼해야 가능하다 보니 거짓으로 이혼했다는 것이었다.


부부간에는 재산분할과 증여가 다소 애매한 측면이 있다.

배우자에게 생활비를 준다고 하여 증여로 보진 않을 것이다. 나아가 같이 사는 집이 단독 명의라고 하여 온전히 그 사람 재산으로 보기도 어렵다. 그래서 부부간 금전관계에 증여세를 매기는 것은 사실 쉽지 않다.

단순히 부동산 등기나 은행계좌 같은 명의를 기준으로 증여 여부를 판단하는 것은 편리하지만, 실제와는 다소 안 맞을 수 있다.


이에 부부간 공제한도를 늘리는 것이 어느 정도의 해결책은 될 수 있을 것이다.

증여 배우자공제는 3억원에서 2008년 6억원으로 개정되어 현재까지 유지되고 있고, 상속 배우자공제는 1997년 개정된 이후 유지되고 있다.

1997년 상속 배우자공제를 확대할 때 그 이유로 '여성의 경제·사회적 지위 향상'을 들었다. 이를 보면 상속세에서는 여성의 지위가 현재도 1997년에 머물고 있지 않은지 생각해 봐야 한다.

한편 당시 배우자공제 확대 이유로 여성의 지위 향상을 든 것은 지금 보면 어색하다. 배우자공제는 남녀가 같이 적용되는데, 돈을 벌거나 재산의 명의자가 남성이라는 전제 하의 말이기 때문이다. 2008년 증여 배우자공제를 확대할 때 그 이유로 '배우자의 재산형성 기여, 이혼에 따른 재산분할 시 비과세와의 형평 등'으로 설명했던 것과도 비교된다.


결론적으로 재산분할과 배우자 증여 사이의 세금 간극을 줄일 방법을 고민해야 한다.

앞서 본 대법원 판례와 같이 재산분할 목적으로 이혼도 할 수 있다. 배우자에게 금전을 주기 위해 이혼(재산분할)할지 증여할지를 고민하는 상황은 줄여야 할 것이다.^

# 가업이 뭘까요

## – 기업상속공제의 성장 –

부산의 최초 밀면집인 내호냉면은 1919년부터 4대째 영업을 하고 있다. 원래 함경남도 흥남에서 하던 가게를 6.25 전쟁 때 부산으로 피난 와서 계속하고 있다고 한다. 가게 벽면에는 내호냉면 100년 가계도가 붙어 있다. 만화 식객에도 나온 유명한 맛집이다.

전국에는 가업을 잇고 있는 사람들이 수없이 많다. 중소벤처기업부는 2023년 8월까지 30년 넘게 사업을 해 온 백년가게와 15년 이상의 숙련기술을 보유한 백년소공인으로 각각 1,424개사, 959개사를 선정해 왔다.

이렇게 가업이 이어지고 있어 다행이다. 이를 통해 축적된 기술과 노하우가 지금 세대까지 전수되고 있는 것이다. 부산의 내호냉면이 가업을 잇지 않았다면 우리는 더 이상 부산 최초의 밀면 맛을

느끼지 못했을 것이다.^

한편 가업승계에 대해서는 세법도 지원하고 있다. 상속세 가업상속공제이다. 가업상속공제는 상속세를 계산할 때 상속재산에서 가업 관련 재산을 빼주는 것이다.

⊙ 가업 관련 재산

| |
| --- |
| 가업에 직접 사용되는 토지, 건축물,<br>기계장치 등 사업용 자산 |
| 가업에 해당하는 법인의 주식 |

가업상속공제는 적용요건이 있다. 망자가 10년 넘게 운영한 가업을 상속인이 넘겨받아 5년간은 운영해야 한다. 그리고 상속인은 상속 전 가업에 2년 이상 종사했어야 한다. 그 외 고용·임금 유지 등의 요건들이 있다.

## ⊙ 가업상속공제 요건

| | |
|---|---|
| 피상속인 요건 | 10년 이상의 가업 영위 중 일정기간 대표자로 재직하고, 주식 (상장 20%, 비상장 40%) 10년 이상 계속 보유할 것 등 |
| 상속인 요건 | 상속 전 2년 이상 가업 종사하고, 상속세 신고기한 후 2년 내 대표이사로 취임할 것 등 |
| 상속 후 요건 | 상속 후 5년간 가업 영위, 상속인 지분 유지, 고용·임금을 일정비율 유지할 것 등 |

‣ 한편 상속인이 가업상속공제를 받고 추후 가업상속재산을 양도하는 경우 그 때 피상속인의 당초 양도차익도 포함하여 양도세를 과세하고 있다. 즉 이월과세 되고 있다.

한편 가업상속공제는 중소기업과 매출액 5천억원 미만의 중견기업이 적용받을 수 있다. 대기업은 적용되지 않는다.

공제한도를 보면 최고 600억원에 달한다. 구체적으로 망자가 10년 이상 운영한 경우는 300억원, 20년 이상은 400억원, 30년 이상은 600억원이다. 가업상속공제는 1997년 공제한도 1억원으로 시작되었는데, 가히 괄목할 만한 성장이다.

| 대상기업 | 중소기업, 매출액 5천억원 미만의 중견기업 |
|---|---|
| 공제금액 | 가업상속재산의 100% |
| 공제한도 | 10년 이상 경영: 300억원<br>20년 이상 경영: 400억원<br>30년 이상 경영: 600억원 |

가업상속공제가 왜 이렇게 커졌을까? 이는 두 가지 측면에서 생각해 볼 수 있다.


우선 가업의 이미지나 개념이 확장되어 왔다.

과거에는 가업을 잇는다고 하면 축적된 노하우를 전수받거나 소규모 사업체를 이어받는 것으로, 장인匠人과 같은 느낌이었다. 그런데 갈수록 사업체가 커지고 조직화되면서, 회사주식을 소유하고 경영을 하고 있다. 이에 따라 '사업체의 지배권이나 경영권'을 넘겨주는 것도 가업을 잇는 것으로 포괄되고 있다.

사실 원래 가업의 개념이 소규모 사업에 한정되진 않는다. 규모에 관계없이 계속 경영하던 사업이면 가업이 되는 것이다. 세법에서도 가업이 뭔지 특별히 정의하지는 않고, 10년 이상 계속하여 경영하던 기업 정도로 보고 있다.


다음으로 아래의 사건들을 보면 가업승계의 걸림돌로 상속세가 언급되고 있다.

1975년 설립되어 세계 1위 손톱깎이 회사이던 쓰리세븐은 2008년 창업주가 사망하면서 약 150억원의 상속세가 부과되자 유족은 승계 대신 지분 매각을 택했다. 당시 창업주가 가족과 임직원들에게 약 370억원을 사전 증여했는데, 그 후 갑자기 사망하여 사전 증여재산이 상속재산에 합산되면서 상속세가 크게 늘었다고 한다. 다만 이후 우여곡절 끝에 경영권을 되찾아 지금까지 운영하고 있다고 한다.

또는 1973년 설립되어 한때 콘돔시장 세계 1위였던 유니더스는 2015년 창업주 사망 후 사모펀드에 경영권이 넘어갔다. 상속세도 그 한 요인으로 알려졌다. 그 외에도 상속세 부담이 가업승계의 걸림돌이라는 기사들이 많다.


즉 가업의 이미지나 개념이 확장되어 왔고, 거기다 가업을 잇는 데 걸림돌로 상속세가 계속 지목되면서 가업상속공제가 계속 확대되어 온 듯하다.

## ⊙ 가업상속공제 개정 내용

| | | ~2007 | 2008 | 2009 | 2011 | 2012 | 2013 | 2014 | 2022 | 2023 |
|---|---|---|---|---|---|---|---|---|---|---|
| 적용대상 | 중소기업 | ○ | | | | | | | | |
| | 중견기업 (매출기준, 억원) | | | | ○ 1,500 | | 2,000 | 3,000 | 4,000 | 5,000 |
| 공제율 (가업재산 대비) | | | 20% | 40% | | 70% | | 100% | | |
| 공제한도 (억원) | | 1 | 30 | 60~ 100 | | 100~ 300 | | 200~ 500 | | 300~ 600 |

# – 정공법으로 –

한편 가업상속공제는 계속 확대되어 왔으나, 그 요건이 충족 안 되거나 적용대상이 아니어서 공제 적용을 못 받는 경우들이 많다. 예를 들어 망인이 갑자기 사망하면 가업상속공제 요건 충족을 위한 준비가 안 되었을 수 있다. 그리고 매출액 5천억원 이상의 중견기업은 가업상속공제 적용대상이 아니다.

그런데 가업상속공제는 이를 적용받으면 큰 혜택이지만, 적용되지 않는 경우와의 격차가 너무 크다. 최대 공제한도 600억원을 적용받으면, 상속세율과 할증과세를 고려하여 그 절반 이상의 세금이 줄어들 수 있다.

사실 상속의 많은 경우가 가업을 잇는 것이고, 규모가 작든 크든 가업을 잇는 형태는 비슷하다. 그런데 가업상속공제 적용 여부에 따라 세금부담에 큰 차이가 나는 것이다.


그렇다면 정공법으로 가야 될 것 같다.

가업을 잇는 데 걸림돌이 상속세 부담이 큰 것이고, 이것이 문제라면 전체적인 상속세 부담을 낮춰 문제를 해결해야 한다. 일부 기업만 적용받는 가업상속공제는 근본 치료가 아닌 임시방편일 수 있다.

# 헐크 종부세

물세와 인세 사이

결과세금

종부세와 부유세

상위권

사랑받는 법

# 물세와 인세 사이

## - 배너박사와 헐크 -

과학자 배너박사는 감마폭탄 폭발 사고로 감마선에 노출된다. 그 영향으로 분노하게 되면 강력한 힘을 가진 녹색괴물로 변신한다. 이 괴물이 1962년 탄생한 헐크이다. 한 몸에 2개의 인격이 서로 다른 모습으로 공존하게 된 것이다.

헐크는 미국에서 1977~1982년 TV 시리즈로도 나왔다. 이는 우리나라에서 '두 얼굴을 가진 사나이'로 방송되어 큰 인기를 끌었다.

세금도 두 성격을 함께 가진 것이 있다.

바로 종합부동산세(종부세)이다. 종부세는 물세이면서 인세의 특성이 있다. 물세物稅는 부동산같은 물건에 대한 세금이고, 인세人稅

는 사람에 대한 세금을 말한다.


종부세는 집값이 가파르게 상승하던 2005년 전격 도입되었다. 종부세는 주로 부동산에 부과되는 재산세를 토대로 하여 만들어졌다. 재산세는 물세로서 각 부동산(주택)별로 부과하고 세율0.1~0.4%은 낮은 편이다.
종부세도 재산세처럼 부동산(주택)에 부과하니 물세의 특성이 있는 것이다.


한편 종부세는 재산세와 다른 점이 있다.
각 주택별로 계산되는 재산세와 달리, 종부세는 사람별로 소유한 주택을 모두 합산한다. 그리고 재산세에 비해 종부세는 세율 0.5~5.0%이 높다. 이에 따라 주택가격이 높을수록 세금이 급격히 증가한다.
이런 점은 인세의 특징이다.

## ⊙ 재산세와 종부세 비교

|  | 재산세 | 종부세 |
|---|---|---|
| 대상 | 토지: 시군별+인별 합산<br><br>주택: 물건별 과세<br>(0.1~0.4% 세율)<br><br>건축물 등: 물건별 과세 | 토지: 전국+인별 합산<br><br>주택: 전국+인별 합산<br>(0.5~5.0% 세율) |
| 납세의무자 | 재산 소유자 | 재산세 납세의무자 |
| 과세기준일 | 매년 6월 1일 | 매년 6월 1일 |

대표적 인세가 소득세이다. 소득세는 사람별로 소득을 합산하고 높은 누진세율이다. 소득세는 모든 소득을 종합하여 내는 '종합소득세'가 원래 이름인데, 종부세도 모든 부동산을 종합하여 내는 '종합부동산세'가 그 이름이다. 이름도 비슷하다. 종부세는 물세보다 인세에 더 가까운 면이 있다.

# 결과세금
## - 과정과 결과 -

세금은 통상 '돈이 흐르거나 머무는 곳'에 위치하고 있다. 여기서 돈이 흐르는 곳은 '과정'이고, 돈이 머무는 곳은 '결과'이다. 과정에서 거두는 세금은 '과정세금'으로, 결과에 거두는 세금은 '결과세금'으로 부를 수 있다. 이는 필자가 만든 말이다.^

결과세금은 돈을 번 이후 결과적으로 남은 재산에 대해 내는 세금이다. 종부세와 재산세가 대표적이다. 한편 과정세금은 돈을 버는 과정 또는 거래 과정에 내는 세금이다. 대표적으로 소득세나 부가가치세가 있다.

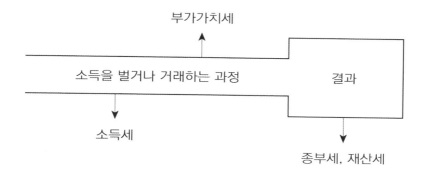

부가가치세

소득을 벌거나 거래하는 과정

결과

소득세

종부세, 재산세

예전에는 결과세금이 많았다.

대표적인 것이 창문세였다. 지금은 이상하게 보이지만 이는 영국에서 1696년부터 1851년까지 150년 넘게 유지되었던 세금이다. 프랑스도 1798년부터 1926년까지 운영되었다. 영국의 창문세는 주택당 정액세금이 있고, 창문이 7개 이상이면 추가세금이 매겨졌다. 창문 수에 따른 누진세율이었다.

우리의 재산세-종부세와 유사했다.

창문세는 난로세를 대체해 나온 것이었다. 부자일수록 집이 클 것이고 집이 크면 창문도 많다고 본 것이다. 난로세는 집에 들어가 일일이 난로를 확인해야 해서 반발이 심했다고 한다. 창문은 밖에서 세면 되니 계산하기도 편리했다.

그런데 사람들은 창문세를 안 내려고 창문을 막아 창문의 수를 줄이는 것으로 대응한다. 인터넷에는 창문이 막혀 있는 건물 사진들이 많다. 창문을 막아 햇빛을 못 보고 환기가 안 되니 사람들이 우울증에 걸리거나 전염병의 원인이 되었다고도 한다.


그럼에도 창문세가 150년 넘게 유지된 데는 이유가 있었다. 당시 영국의 많은 사람들은 소득세에 반대했다. 개인소득을 공개하는 것은 사생활에 대한 정부의 간섭이고 개인의 자유에 대한 잠재적 위협이 된다고 본 것이다.
소득세보다는 창문세가 차라리 나았던 것이다. 그렇다 보니 창문세가 오랫동안 유지될 수 있었다.


한편 영국에서 소득세는 1799년 나폴레옹 전쟁 비용 충당을 위해 도입되었다가 1816년 전쟁이 끝난 후 폐지되었다. 그 후 1842년 다시 도입되었는데 그 9년 뒤인 1851년에 창문세가 폐지된다. 시기의 차이는 조금 있지만 '과정세금'인 소득세가 '결과세금'인 창문세를 대체한 듯하다.

이렇게 창문세가 역사의 뒤안길로 사라진 이유는 뭘까?

시대가 변하고 국가 행정체제가 갖춰지면서 사람들의 소득 파악이 용이해졌다. 번 돈에 따라 내는 소득세는 거두기도 좋고 공평하다고도 얘기되었다. 그렇다 보니 점차 과정세금인 소득세가 자리를 잡았다.


이렇게 소득세를 내고 나니, 세금을 낸 돈으로 구입한 결과인 재산에 대해서는 세금 거둘 논리가 약해졌다. 결과세금의 설 자리가 적어진 것이다. 이에 따라 결과세금인 부동산 재산세가 현재도 있지만 세율이 낮다.

창문세는 소득세가 정착되기 전의 세금이었다. 과정세금인 소득세의 등장과 함께 결과세금인 창문세는 역사의 뒤안길로 사라진 것이다.


결과세금은 또 다른 논쟁도 있다. 언제의 결과인지를 따지지 않는 것이다. 재산이 예전에 돈을 벌어 구입한 결과인지, 지금도 돈을 벌고 있는 결과인지 구분하지 않는다.

그러다 보니 은퇴자와 같이 지금 수입이 없거나 적은 사람은 결과세금을 낼 돈이 없는 경우가 많은 것이다.

# 종부세와 부유세
## - 부자세금 -

종부세는 매년 6월 1일의 부동산 소유자가 낸다. 그러니 부동산이 종부세 대상이면 6월 1일이 지나 양도받는 것이 좋다. 11월에는 세무서에서 사람들에게 종부세 납세고지서를 발송하고, 이에 따라 12월 1일부터 15일까지 납부해야 된다.

종부세는 모든 주택과 토지를 합산하여 계산한다. 공시가격으로 합산한다. 주택과 토지는 각각 따로 합산한다.

주택은 합산금액이 9억원을 넘으면 그 넘는 금액에 세율을 곱해 종부세를 계산한다. 다만 1세대 1주택은 12억원을 넘는 금액이다. 반면 1세대 3주택 이상은 9억원은 동일하고 세율은 더 높다.

## ⊙ 종부세 과세표준 계산(주택)

[주택 공시가격 합산 - **9억원**] × 60%(공정시장가액비율)

- **12억원**(1세대 1주택)

| 1세대 1주택을 계산할 때 주택 수에서 제외하는 경우 | |
|---|---|
| 신규주택 | 신규주택을 취득한 날부터 3년이 경과하지 않은 경우 |
| 상속주택 | 상속일부터 5년이 경과하지 않은 상속주택<br>- 지분율 40% 이하 또는 공시가격 6억원(비수도권 3억원) 이하는 기간 제한 없음 |
| 지방주택 | 지방의 공시가격 3억원 이하 주택 |

‣ 한편 혼인 또는 60세 이상 직계존속 동거봉양을 위해 합가한 경우는 각각 1세대로 본다(혼인은 5년, 동거봉양은 10년 동안).

‣ 이들은 양도세 주택수칙 편의 '우연과 필연' 사유와 유사하다.

### ⊙ 종부세 세율(주택)

| 과세표준 | 2주택 이하 | 3주택 이상 |
|---|---|---|
| 3억원 이하 | 0.5% | 0.5% |
| 3~6억원 | 0.7% | 0.7% |
| 6~12억원 | 1.0% | 1.0% |
| 12~25억원 | 1.3% | 2.0% |
| 25~50억원 | 1.5% | 3.0% |
| 50~94억원 | 2.0% | 4.0% |
| 94억원 초과 | 2.7% | 5.0% |

‣ 법인소유 주택은 2주택 이하 2.7%, 3주택 이상 5%이다.

‣ 한편 종부세는 재산세 부담액을 공제해 주고 있으며, 세부담 상한을 두고 있다.

한편 종부세는 부자들이 내는 부자세금일까? 부자세금은 통상 부유세를 말한다. 그럼 종부세가 부유세일까?

부유세는 모든 재산을 합쳐 세금을 매긴다. 한편 종부세도 모든 주택(또는 토지)을 합치니 일응 비슷해 보인다.

그런데 2가지 다른 점이 있다.

우선 종부세는 주택만 합치지만, 부유세는 부동산, 주식, 현금 등 통상 모든 재산을 합친다. 그리고 종부세는 부채를 빼주지 않는데, 부유세는 이를 빼준다. 즉 부유세는 순자산에 매긴다.

실제 찐부자들은 주식이나 빌딩, 채권, 현금이 많다. 그런데 종부세는 주택만 대상이다. 빌딩 등의 건축물도 대상이 아니다.

또한 종부세는 부채를 안 빼주니, 부채가 많거나 주택에 담보채무가 있어도 내야 한다.


참고로 프랑스는 1989년부터 금융자산, 부동산 등에 대한 부유세를 운영하다가 마크롱 대통령이 들어서면서 2017년 폐지하였다. 2018년부터 부동산만 대상으로 운영되는데, 부채는 빼주고 있다.


정리하면 종부세는 부유세와는 많이 다르다. 실제 부자인지 여부와는 상관이 없다. 부유세인 듯하나 부유세 아닌 세금인 것이다. 그냥 주택과 토지에 대한 세금이다. 다만 고가의 주택에 매기니 부자들이 많이 있을 수 있다.

# 상위권

## - 종부세 납부자 -

수능 성적 상위권에 대한 기사이다.

'2024학년도 대학 입시에서 상위 1% 이내 성적을 얻은 우수 학생들이 모두 ○○계열로 진학했다는 소식이다. 자연계열 수능 상위 1.38%인 488명, 내신 1.06등급 이내인 125명 전부가 ○○대로 진로를 선택한 것이다.' 종로학원의 분석을 기사화한 내용이다. (2024년 7월 29일, 한국경제신문)

한편 종부세도 상위권이 언급되곤 했다. '상위 1%만 내는 세금이다', '상위 2%까지만 내도록 하자' 등이다. 상위 1%란 말은 귀에 쏙쏙 박힌다. 더 높이 더 잘 살려고 달려야 하는 사회 분위기 탓일

수도 있다. 한편 무슨 기준의 1%인지까지는 잘 들리지 않는다. 어쨌든 종부세를 내면 부자 순위권에 든 듯하다.

종부세를 낸 인원은 2017년 39.7만명에서 종부세가 강화되면서 2022년 128.2만명까지 늘어났다. 2023년에는 다시 종부세가 완화되어 49.5만명 수준으로 줄었다.

⊙ 종부세 납부인원

(단위: 만명)

| 2017년 | 2019년 | 2021년 | 2022년 | 2023년 |
|--------|--------|--------|--------|--------|
| 39.7 | 59.2 | 101.6 | 128.2 | 49.5 |
| (33.1) | (51.7) | (93.1) | (119.5) | (40.8) |

▸ (  )는 주택분 종부세 납부인원이다.
※ 출처: 국세청 국세통계포털

'종부세는 상위 1%, 2%가 내는 세금이다'는 말은 전체 국민 약 5천만명이 기준(분모)이다.
그런데 종부세에서 전 국민을 기준으로 상위 몇 프로라고 하는 것이 맞는지 의문이다. 종부세는 주택 소유자가 내는 세금인데, 5천만명에는 그렇지 않은 사람들도 포함되어 있기 때문이다. 그리고 앞서 본 바와 같이 종부세는 진짜 부자들이 내는 부유세가 아니다. 예를 들어 수능 성적의 경우 상위 1%는 수험생 기준일 것이고, 수험생 아닌 어른들이나 다른 학년의 학생들은 포함되지 않았을 것이다.

그러니 종부세도 주택 소유자를 기준으로 상위 몇 프로를 말하는 게 맞을 듯하다. 2022년 종부세를 낸 인원 128만명은 주택 소유자 1,540만명 중 약 8%이고, 2023년은 3% 수준이다.

**(생각해 봐요)** 세금과 소문

살다 보면 무엇이든 소문이 잘 나야 된다. 그래야 일도 잘 성사되고 편리하다.

세금도 그런 것 같다. 각 세금마다 소문이 있다. 이는 외부에 알려진 세금을 거두는 이유이자, 좋고 나쁜 평판이다. 그런데 이런 이유와 평판에 따라 사람들의 거부감도 달라진다.

소문이 잘 나려면 세금을 왜, 누구한테 거둘 것인지 잘 설명해야 한다. 당사자가 어느 정도는 이해를 해야 한다. 자기가 세금을 내야 하는 당사자가 맞다고 생각할수록 좋다.


한편 종부세 소문을 생각해 보면 '상위 1% 부자세금', '집값 올리는 다주택자 세금', '투기방지 세금' 등인 것 같다.

사실 세금 내라는 데 좋아할 사람은 별로 없지만, 그럼에도 유독 종부세는 논쟁이 많이 되었다. 여러 이유가 있겠지만 당사자들이 종부세를 왜 내는지 납득 못한 것도 이유일 것이다. 자기가 종부세를 내야 하는 당사자가 아니라고 생각하는 것이다. 부자가 아닌데 부자세금 내라고 하고, 투기세력 아닌데 투기방지 세금 내라고 한다고 생각할 수 있다.

어쨌든 소문이 중요하다.

# 사랑받는 법
## - 전국 89곳 -

전남 16곳, 경북 15곳, 강원 12곳, 경남 11곳, 전북 10곳, 충남 9곳, 충북 6곳, 부산 3곳, 대구 3곳, 경기 2곳, 인천 2곳이다. 이는 인구감소로 지역소멸이 우려되는 시·군·구의 89곳이다. 인구증감률·인구밀도 등 8대 지표를 기준으로 행정안전부가 지정했다.


우리나라 인구는 감소추세로 돌아섰다. 그 와중에 서울·수도권 쏠림은 심화되고 있다. 지방은 인구감소를 넘어 지역소멸을 걱정하고 있다.

## ⊙ 인구감소지역 지정 현황

| | |
|---|---|
| 부산(3) | 동구 서구 영도구 |
| 대구(3) | 남구 서구 군위군 |
| 인천(2) | 강화군 옹진군 |
| 경기(2) | 가평군 연천군 |
| 강원(12) | 고성군 삼척시 양구군 양양군 영월군 정선군 철원군 태백시 평창군 홍천군 화천군 횡성군 |
| 충북(6) | 괴산군 단양군 보은군 영동군 옥천군 제천시 |
| 충남(9) | 공주시 금산군 논산시 보령시 부여군 서천군 예산군 청양군 태안군 |
| 전북(10) | 고창군 김제시 남원시 무주군 부안군 순창군 임실군 장수군 정읍시 진안군 |
| 전남(16) | 강진군 고흥군 곡성군 구례군 담양군 보성군 신안군 영광군 영암군 완도군 장성군 장흥군 진도군 함평군 해남군 화순군 |
| 경북(15) | 고령군 문경시 봉화군 상주시 성주군 안동시 영덕군 영양군 영주시 영천시 울릉군 울진군 의성군 청도군 청송군 |
| 경남(11) | 거창군 고성군 남해군 밀양시 산청군 의령군 창녕군 하동군 함안군 함양군 합천군 |

※ 행정안전부 보도자료(2023년 12월 18일)

최근 집값이 슬금슬금 오르지만 이는 서울·수도권 이야기다. 지방은 여전히 정체되거나 하락하고 있다. 미분양이 늘어나고 빈집도 상당히 있다.

한편 종부세의 존재이유로 항상 언급되는 것이 있다. 종부세를 거둬 전액 지자체에 주고 있다는 것이다. 종부세는 서울·수도권에서 주로 거두고 이는 지방에 배분되고 있다. 일응은 그 존재이유가 될 만하다.

**⊙ 종부세 세수**

| 2017년 | 2019년 | 2021년 | 2022년 | 2023년 |
|--------|--------|--------|--------|--------|
| 1.6 | 3.0 | 7.2 | 6.7 | 4.19 |

‣ 결정세액 기준 세수로, 실제 징수 세수와는 다소 차이가 있다.

※ 출처: 국세청의 국세통계연보 및 보도자료(23년 주택분 종부세 대상자 66% 대폭 감소, 2024.6.3.)

**⊙ 2023년 전국 종부세 중 서울·인천·경기 납세인원 및 세수**

| | 납세인원 | 세수 |
|---|---|---|
| 전 국 | 49.5만명 | 4.19조원 |
| (서울·인천·경기) 전국 대비 비중 | (37.8만명) 76.4% | (2.95조원) 70.4% |

※ 출처: 위 국세청 보도자료

그런데 한편 드는 생각이 있다. 종부세는 전국에 소유한 주택을 합산하여 과세하고, 3주택자 이상은 세율이 높아진다. 그러니 집을 하나 더 사려면 종부세를 염두에 둬야 한다.

집을 사는 이유는 다양하다. 값이 오르면 팔려는 이유도 있지만 취업이나 이사, 부모님 봉양, 임대수입 목적 등 다양하다.


그렇다면 지방에 집이 필요한 데 종부세 때문에 망설이는 사람들이 있지는 않을까?

지방으로 흘러가려는 돈은 종부세로 막아 놓고, 한편에서는 종부세로 지방재정을 돕고 있지 않은지 의문이 든다.

지방 인구가 급격히 줄고 있어, 현재로서 지방 집값은 오를 일이 별로 없어 보인다. 굳이 투기세력을 걱정할 필요는 없을 것 같다. 걱정해야 할 것은 지방이 잊혀지고 있는 것이다. 돈이 흘러가지 않고 사람도 더 가지 않는 것이다.

# - 헐크처럼 -

한편 헐크는 여전히 사람들의 사랑을 받고 있다. 현대판 마블 시리즈에도 어엿하게 자리를 잡았다. 이는 강력한 힘을 악을 응징하고 위험에 빠진 사람들을 구하는 데 쓴 덕분이다.

종부세도 헐크처럼 사랑받을 수는 없을까? 사실 세금이 사랑받기는 어려운 일이지만, 그래도 그 힌트를 찾아보자.

2023년 1월 '고향사랑기부제'가 도입되었다. 이는 개인이 지자체에 기부하는 제도이다. 지자체는 기부자에게 답례품으로 지역특산품을 준다. 기부금으로 지방재정도 돕고, 지역답례품을 생산하면서 지역경제도 활성화하려는 취지이다.

원래 기부금에 대해서는 소득세 세액공제 15%(지방세 포함 16.5%)를 통해 세금을 줄여준다.

그런데 고향사랑기부에 대해서는 세액공제를 확대했다. 10만원 이하의 기부까지는 전액 세액공제가 되도록 한 것이다. 10만원을 기부하면 10만원을 돌려받는 셈이다. 답례품을 생각하면 개인에게 더 이득이 된다. 그리고 고향에 기부하는 뿌듯함이라는 덤도 있다. 앞으로 고향사랑기부제가 잘 정착될지 그리고 지방에 실제 도움이 될지는 지켜봐야겠지만, 기부금 세액공제가 큰 역할을 할 것으로 기대된다.


종부세도 잘 고민해 보자. 지방을 위해 필요하다면 세금을 줄여주거나 없앨 수 있어야 한다. 지방에 집이 필요한 사람은 부담없이 구입할 수 있게 해주는 건 어떤가? 이는 지방으로 돈이 흘러가는 길을 하나 열어주는 것이다. 집이 필요한 사람과 지방 둘다 윈윈 win-win이다. 또한 이를 통해 서울·수도권의 집값 쏠림 완화효과도 기대해 볼 수 있다.

🍎 한편 현재 1세대 1주택자는 12억원을 넘는 금액에 종부세를 매기는데, 1주택자 여부 판단할 때 기준시가 3억원 이하의 지방주택은 주택 수에서 제외하고 있다. 그리고 종부세에는 1세대 1주택자에 대한 다양한 혜택을 주는 제도들이 있다.

⊙ 1세대 1주택자 종부세 혜택

| | | |
|---|---|---|
| 세액공제<br>(최대 80%) | 연령별 공제율 | (60세 이상) 20%<br>(65세 이상) 30%<br>(70세 이상) 40% |
| | 보유기간별 공제율 | (5년 이상) 20%<br>(10년 이상) 40%<br>(15년 이상) 50% |
| 주택 수에서 제외 | 일시적 신규주택, 상속주택, 지방 저가주택 | |
| 납부유예 | 60세 이상 또는 5년 이상 보유, 총급여 7천만원<br>(종합소득금액 6천만원) 이하, 종부세액 100만원 초과<br><br>→ 양도·증여·상속 때까지 납부유예 | |

# 잠을 깬 근로소득세

월급쟁이를 깨우다

무관심의 원천

아바타

1년간의 기록

빼는 방법

고소득자와 누진세

1천만원 내셨습니다

# 월급쟁이를 깨우다

## - 세법 -

2014년 tvN에서 방영된 드라마 미생은 직장인들의 생활과 애환을 실감나게 보여줘 큰 인기를 끌었다.

미생은 대기업 무역상사가 배경이다. 12화에서는 안영이 사원이 월급통장을 확인하는 장면이 나온다. 통장에는 그 달 들어온 월급 365만원이 찍혀 있었다. 거의 찰나로 지나가는 장면이었는데 사람들의 관심은 뜨거웠다. 안영이 사원이 얼마나 받는지 궁금했던 것이었다.

안영이 사원은 신입 1년차였는데 월급이 많은 편이었다. 365만원은 세후 금액일 테니 연봉은 5천만원 정도가 된다. 이는 비현실적이라는 말도 있었으나, 무역상사가 원래 초봉이 센 현실을 반영했다는 말도 있었다.

한편 2013년 한 해 직장인들 사이에서는 세금이 뜨거운 화두였다.


그 발단은 이렇다.

정부는 매년 세법개정안을 준비해 8월에 발표하고 국회에 제출한다. 이 세법개정안을 토대로 정부 예산안이 편성되고, 이후 세법개정안과 예산안은 국회 논의를 거쳐 연말에 확정된다.


2013년 8월 8일에도 정부는 세법개정안을 발표했다. 개정안에는 소득세의 소득공제를 세액공제로 바꾸는 내용이 들어있었다. 이들 소득공제는 직장인들 연말정산 때 적용되는 것이었다.

정부의 세법개정안에 따라 총급여 3,450만원을 넘는 직장인 434만명의 세부담이 늘어난다고 예측되었다. 구체적으로는 총급여 4천만~7천만원 구간은 16만원, 총급여 7천만~8천만원 구간은 33만원이 늘어나고, 점점 더 늘어나 총급여가 3억원을 넘으면 865만원이 늘어나는 것이었다.


그런데 개정안 발표 직후 언론 기사들이 쏟아졌다. 기사 내용은 '유리지갑 봉급자에 부담 전가', '연봉 3,450만원이 중산층?' 등 직장인들 세부담 증가에 집중되었다.

이렇게 되자 청와대 경제수석은 개정안 발표 다음날인 9일 급히 기자들을 만난다. 그런데 개정안의 취지를 설명하면서 '거위가 고통을 느끼지 않도록 깃털을 살짝 빼내는 식'이라고 말을 하여 논란을 키웠다. 거위 깃털론은 원래 프랑스 루이 14세 때 재무장관의 말에서 유래한 것으로, 급격히 세부담을 늘려서는 안 된다는 취지였다.


상황이 급박하게 돌아갔다. 이에 정부는 세법개정안을 원점 재검토하게 되고, 개정안 발표 닷새 뒤인 13일에는 수정안을 내놓는다. 총급여 3,450만원을 높여 5,500만원 이하의 근로자는 세부담이 증가하지 않도록 하겠다는 내용이었다.

이렇게 수정된 세법개정안은 국회 논의에서 일부 조정되어 2013년 연말에 국회를 통과하였다. 이렇게 1라운드는 일단락되었다.

# – 13월의 보너스 –

어느덧 2015년 1월이 되었다. 13월의 보너스라는 연말정산이 한창이다. 그런데 예전 같은 환급은커녕 토해내는 금액이 엄청 늘었다는 말들이 나왔다. 13월의 세금폭탄이라고도 했다. 이는 곧바로 정국의 쟁점이 되었다.

사실 이는 어느 정도 예견된 것이었다. 2013년 말 소득공제가 세액공제로 전환되면서, 대체적으로 저소득자는 세부담이 줄었지만 고소득자는 늘어났다. 그리고 이는 2014년부터 적용되었고 2015년 1월 연말정산 때 나타난 것이었다.

한편 연말정산 환급액이 준 것은 다른 원인들도 있었다. 예를 들어 근로소득세는 매월 걷고 연말정산 때 정산하는 체계이다. 그런데 2012년 9월 '많이 걷고 많이 돌려주는 방식'에서 '적게 걷고 적게 돌려주는 방식'으로 바꾼 것도 영향을 미쳤다.
여기다 소득공제의 세액공제 전환까지 겹쳐 환급액이 더 줄거나 토해내게 된 것이었다. 사실 직장인들의 월급이 오르면서 세금이 늘어난 경우도 있었으나, 세부적으로 논쟁할 분위기는 아니었다.


이에 정부는 2015년 4월 직장인들의 세부담을 줄이는 연말정산 보완대책을 발표하게 된다. 이를 담은 세법개정안은 일사천리로 논의가 진행되어 5월 국회를 통과한다.

이후 회사들도 빠르게 움직였다. 연초에 했던 연말정산을 재정산하여 바로 환급하게 된다. 그 인원이 638만명에 이르는 것으로 추산되었다.

이에 따라 2013년 8월부터 2015년 5월까지 이어진 연말정산 사건은 마무리되었다.


한편 앞서 안영이의 월급통장 이야기를 이어가 보자. 지나가다가 안영이를 본 장백기가 말을 건넨다. 장백기도 신입이다.


장백기 월급 들어온 게 그렇게 좋아요? 계속 웃고 있잖아요. 아이
    난 좀 실망인데, 영이씨가 돈 좋아하는지 몰랐거던요.
안영이 왜요. 저도 돈 좋아해요. 부자될 거예요.
장백기 아 다행이다. 이제 좀 사람 같아 보이네.

사실 장백기는 안영이가 '이제 다 끝났다'며 통장을 보고 안도하는 걸 제대로 못 봤다.

안영이의 통장에는 월급이 들어오자마자 대출상환이자 150만원, 학자금 81만원, 신용카드 60만원, 통신사 9만5천원 등이 빠져나가 있었다. 안영이는 아버지의 대출도 대신 갚아주고 있었다. 대출상환이 완료되었는지 이제 다 끝났다고 안도한 것이었다. 안영이의 통장에는 잔액 39,900원이 남아 있었다.


안영이와 같이 직장인들에게 월급은 중요하다. 생계를 위한 밥줄이기도 하고 가족을 이어주는 끈이기도 하다. 월급이 꼬박꼬박 들어오다 보니 직장인들이 다소 무관심하게 보일 수 있지만 사실은 그렇지 않다.

앞서 본 연말정산 사건은 직장인들에게 월급이 얼마나 중요한지, 직장인들이 근로소득세에 얼마나 민감한지를 보여 준 사건이었다.

# 무관심의 원천

## – 내꺼인 듯 내꺼 아닌 –

"요즘 따라 내꺼인 듯 내꺼 아닌 내꺼 같은 너" 소유와 정기고가
부른 노래 '썸'에 있는 가사이다.


세상에는 이런 애매한 경우가 많다. 직장인들이 받는 월급에도 있
다. 매월 원천징수되는 세금이 그렇다.
월급명세서에 찍혀 있어서 내꺼인 듯한데, 실제 받아본 적은 없어
서 내꺼 아니고, 연봉에는 포함되어 있으니 내꺼 같다. 월급이 꼬
박꼬박 들어오듯이 원천징수 세금도 꼬박꼬박 떼어져 나간다.


한편 앞서 연말정산 사건에서도 보았듯이 근로소득세는 어찌 보면

무서운 세금이며 직장인들에게 아주 중요하다.

그런데 사실 직장인들은 근로소득세를 잘 모르거나 무관심한 경우가 많다. 연말정산 때 소득공제를 챙기는 정도이다.

왜 무관심한 걸까? 사실 세금이 복잡해서 관심이 잘 생기진 않을 것이다. 또한 굳이 알 필요가 없다고 느낄 수 있다. 이렇게 무관심하게 된 데에는 근로소득세 원천징수에도 원인이 있는 듯하다.


원천징수는 회사가 월급을 줄 때 근로소득세를 먼저 떼는 것이다. 원천징수는 세금의 원천(근로소득)에서 징수한다는 말이다.

회사는 세법에 따라 원천징수할 의무가 있다. 그러니 직장인들이 신경 안 써도 회사는 세금을 원천징수하여 국가에 납부까지 하고 있다. 직장인들은 굳이 자기가 얼마를 내는지 몰라도 된다. 사실 월급내역서에 표시되지 않으면 잘 모를 것이다.

이런 원천징수 덕에 세무서는 근로소득세를 걷는 것이 수월하다. 개별 직장인 대신 회사를 상대하면 되니 편리하다. 사실 직장인들도 신경 안 써도 되니 편하다. 미리 떼어가니 세금 밀렸다고 독촉받는 일도 없다.

이렇게 편리한 원천징수 덕에 직장인들이 세금에 더 무관심해진 것은 아닐까?^

# 아바타

## – 원천징수와 연말정산 –

서기 2154년이다. 인간들은 행성 판도라에서 자원을 채굴하고 있다. 판도라는 암석들이 공중에 떠다니는 신비한 행성이다. 하지만 독성이 있는 판도라의 대기로 인해 어려움을 겪는다. 이에 판도라 토착민인 나비족의 외형에 인간의 의식을 주입하여 원격 조정하는 새로운 생명체 아바타avatar를 만들어 낸다.

2009년 개봉한 영화 '아바타'이다. 제임스 카메론이 감독을 맡아 전 세계 흥행 1위를 기록하였다.

한편 세금에도 아바타가 있다. 바로 원천징수이다. 이는 근로소득세의 아바타라 불릴 만하다.

그 이유는 이렇다. 근로소득세는 1년간의 소득을 기준으로 계산한다. 즉 매년 1월 1일부터 12월 31일까지의 소득이 기준이다. 그러나 1년간 소득을 다 벌고 나서 다음 해에 세금을 내는 것이 아니라, 매월 원천징수를 통해 세금을 내고 있다.

다음 해 한 번에 근로소득세를 거두기는 사실상 어렵기 때문이다. 한 번에 내게 되면 금액도 커서 부담이고, 근로자가 퇴사하거나 회사가 없어진 경우 등 다양한 이유로 세금을 거두기 힘들게 된다. 그리고 현재 체계가 그해 거둔 세금을 그해 예산으로 다 쓰고 있어 사실 이를 바꾸긴 어렵다.


그래서 소득을 벌고 있는 그해 매월 원천징수를 한다. 1년 소득에 대한 근로소득세를 조금씩 매월 거두고 있는 것이다. 이는 법인의 소득에 대한 세금인 법인세도 비슷하다. 법인세도 1년간 소득이 기준인데, 일부를 중간에 납부하는 방식으로 7~8월에 거두고 있다.


결국 인간들이 판도라에 자신의 아바타를 보내 자원을 채굴하듯이, 근로소득세도 원천징수라는 자신의 아바타를 월급날로 보내 세금을 거두고 있는 것이다.^

한편 근로소득세는 원천징수 아바타와 함께 연말정산도 아바타처럼 활용한다. 원천징수된 세금을 연말정산 절차를 통해 정산하여 실제 근로소득세만 남게 하는 것이다.


구체적으로 보면 이렇다.

근로소득세는 연봉이나 소득공제 등에 따라 개인별로 다르다. 그러나 원천징수할 때 개인별 상황을 다 반영할 수는 없다. 연말 기준으로 소득공제 등이 확정되니 연중에 이를 반영하는 것은 사실 불가능하다. 그래서 원천징수 세금은 월급수준에 따라 일률적으로 정해 놓았다. 이에 따라 매월 원천징수를 하는 것이다.

이러다 보니 원천징수된 세금과 개인들이 실제 내야 할 근로소득세에 차이가 생긴다.


이런 차이는 연말정산을 통해 정산된다. 연말정산할 때 소득공제 등을 적용해 실제 개인별 근로소득세를 계산한다. 계산된 실제 세금과 원천징수된 세금을 비교하여 환급받거나 더 내게 되는 것이다.

## ⊙ 근로소득세의 원천징수와 연말정산

2024년 소득에 대한 근로소득세   ←      ←┐

| 1월 | 2월 | 3월 | 4월 | 5월 | 6월 | 7월 | 8월 | 9월 | 10월 | 11월 | 12월 | 13월 |
|---|---|---|---|---|---|---|---|---|---|---|---|---|
| 원천징수 | 원천징수 | 원천징수 | 원천징수 | 원천징수 | 원천징수 | 원천징수 | 원천징수 | 원천징수 | 원천징수 | 원천징수 | 원천징수 | 연말정산 |

결국 원천징수와 연말정산은 근로소득세를 거두는 아바타 같은 역할을 한다. 원천징수를 하면 연말정산 절차가 뒤따라야 되니 둘도 떼려야 뗄 수 없는 관계이다.

한편 영화에서 아바타가 정체성을 혼란스러워 하듯이, 원천징수 아바타로 인해 다소 혼란을 겪을 수 있다. (다음 편 '1년간의 기록'에서 내용이 이어집니다)

# 1년간의 기록

## - 점수세금과 기록세금 -

운동은 두 분류로 나눌 수 있다. 점수를 내는 운동과 기록을 재는 운동이다.

많은 경우 점수운동이다. 야구, 축구, 탁구 등이 있다. 이들은 점수를 내면서 경기를 한다. 예를 들어 홈런을 치면 점수가 난다.

한편 기록운동은 100m 달리기, 마라톤, 수영 등이 있다. 일정 구간의 기록을 재는 것이다.

한편 세금에도 점수세금이 있고 기록세금이 있다. 필자가 만든 말이다.^

점수세금은 특정 사건이나 시점에 과세하는 것이다. 대부분의 세금이 여기 해당된다. 상속세, 증여세, 종부세, 부가가치세, 증권거래세 등이 있다. 즉 상속세는 상속이 개시될 때, 증여세는 증여할 때, 종부세는 매년 6월 1일, 부가가치세는 거래할 때를 기준으로 과세하게 된다.

한편 기록세금은 일정 기간을 기준으로 한다. 대표적으로 소득세가 있다. 앞서 본 대로 소득세는 1년간의 소득에 대해 과세한다. 1년간 소득을 합산하는 것이다.

#### ⊙ 점수세금과 기록세금

| 점수세금 | 증여 ↙ | 거래(부가세) ↙ | 주택 소유(종부세) ↙ 6월 1일 |
|---|---|---|---|
| 기록세금 | 2022년 소득 | 2023년 소득 | 2024년 소득 |

그런데 문제는 기록세금이 점수세금인 듯한 모습을 보이는 것이다. 바로 아바타 원천징수 때문이다.

원천징수는 월급을 줄 때 걷으니, 일응 특정 시점에 과세하는 점수세금처럼 보인다. 그러나 원천징수의 본체인 근로소득세는 1년간 소득을 모아서 과세하는 기록세금이다.

이는 평상시에는 연말정산 절차가 있으니 별문제가 없다. 점수세금처럼 보이는 원천징수 세금이 연말정산을 통해 기록세금인 근로소득세로 흡수되기 때문이다.

그런데 중도퇴직으로 연말정산을 못하게 되면, 월급을 받을 때 냈던 원천징수 세금은 일응 점수세금으로 남게 된다.

중도퇴직할 때는 기본적인 공제만 반영하여 약식으로 연말정산을 한다. 다만 이직한 경우에는 종전 회사에서 원천징수영수증을 발급받아 현 직장에서 합산하여 연말정산을 할 수 있다.


한편 근로소득세는 1년간 소득을 기준으로 만들어져서, 중도퇴직자와 같이 소득이 몇 달밖에 안 되면 세금이 없거나 적은 경우가 많다.

이는 몇 달간 낸 원천징수 세금을 1년간의 근로소득세로 바꿔야 하는 이유이다. 그러면 원천징수 세금을 환급받는 경우가 많다.

그 환급받는 절차가 다음 해 5월의 종합소득세 신고이다. 중도퇴직자는 연말정산을 이때 하는 셈이다.

소득세는 1년간의 기록세금임을 기억하자. 이는 유용하게 쓰일 때가 있다.

🍎 사업소득세도 기록세금이다.

사업소득에 대한 종합소득세(사업소득세)도 같은 원리가 작동한다. 배달원 등의 프리랜서는 사업소득자이다. 이들에게 서비스를 제공받고 대가를 지급할 때는 3.3% 세율로 원천징수를 해야 한다. 그런데 사업소득세도 1년간 소득에 대한 기록세금이다.

사업소득세를 계산할 때는 벌어들인 수입에서 비용을 차감하고 인적공제 등도 차감한다. 그래서 실제 수입이 많지 않은 경우 사업소득세를 계산하면 세금이 없거나 적은 경우가 많다. 그러니 3.3%로 원천징수된 세금을 환급받을 수도 있는 것이다.

이것도 다음 해 5월 종합소득세 신고를 통해 환급된다. 최근 이런 서비스를 하는 스타트업이 등장하기도 했다.

# 빼는 방법
## − 먼저 또는 나중에 −

앞서 본 연말정산 사건의 발단은 소득공제를 세액공제로 전환한 것이었다. 그럼 소득공제는 뭐고 세액공제는 뭘까?

둘은 빼는 방법에 차이가 있다.

우선 '공제'는 빼준다는 말이다. 소득공제는 소득에서 빼주니 소득이 줄어들게 된다. 세액공제는 세액에서 빼주니 세금이 바로 줄어든다.

먼저 소득공제부터 알아보자. 아래의 두 방식을 보자.

M방식 총급여 전체에 대해 세금을 먼저 계산한다.

총급여가 1억원이고 세율이 20%면 세금은 2천만원이다. 총급여에서 세금을 빼면 8천만원이 남는다. 생활비를 7천만원 썼다면 수중에 1천만원이 남는다.

**Z방식** 총급여에서 생활비를 빼고 세금을 계산한다.
총급여 1억원에서 생활비 7천만원을 빼면 3천만원이 남고, 남는 3천만원에 세율 20%를 곱하면 세금은 6백만원이 된다. 총급여에서 생활비와 세금을 빼면 수중에 2천4백만원이 남는다.

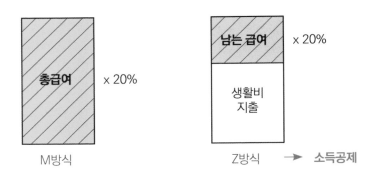

총급여에 세금을 먼저 계산할지M방식와 생활비를 빼고 남는 돈에 세금을 계산할지Z방식에 따른 것이다.

소득공제는 Z방식이다. 생활비를 먼저 빼준다. 즉 생활비를 소득 공제로 빼고 남는 급여에 세금을 계산하는 것이다.

다만 생활비를 모두 소득공제하지는 않는다. 공제항목이 정해져 있고 공제한도가 있다. 예를 들어 모든 근로자가 받는 '근로소득공 제'와 부양가족 수에 따른 '인적공제'가 있다. 그리고 지출비용을 빼주는 소득공제들이 있다. 보험료 소득공제나 신용카드 소득공제 등이다.

소득공제가 비용을 먼저 빼주는 것은 '생활비로 쓰고 남은 소득이 있어야 세금도 낸다'는 취지이다.


다음 세액공제에 대해 알아보자.

우선 M방식으로 계산한다. 즉 총급여 전체에 세금을 계산한다. 이 후 세액공제가 적용된다.


생활비의 10%를 세액공제한다고 하면, 생활비 7천만원의 10%인 7백만원이 세액공제된다. 즉 7백만원을 세금 2천만원에서 빼준다. 결국 최종 세금은 1천4백만원이 된다.

즉 세액공제는 세금을 계산한 후 세액 자체에서 빼주는 개념이다. 통상 세액공제율은 지출한 비용의 몇 프로로 정한다. 예를 들어 우리나라는 교육비의 15%를 세액공제 한다. 세액공제는 법인세에서도 R&D비용 등의 공제에도 종종 사용된다.

결국 소득공제는 총급여에서 먼저 빼는 것이고, 세액공제는 나중에 세액에서 빼는 것이다.

⊙ 소득공제 방식

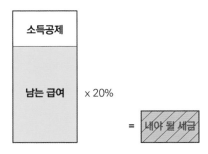

⊙ 세액공제 방식

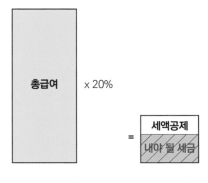

▸ 세법상 용어: ☐ 과세표준  ▨ 산출세액  ▨ 결정세액

# 고소득자와 누진세
## − 소득공제 찬반 −


틱톡에 한 영상이 떠올랐다. 40대 아줌마 3명이다. 영상에서 아줌마라 하고 나이를 밝히고 있다. 그룹 이름은 '누진세'다. 가수 '뉴진스'를 패러디한 이름 같다.

누진세는 좀 어려운 말일 수 있는데, 많이 대중화되었다는 걸 실감했다. 전기요금 누진제, 소득세 누진세율 등 일상에서 종종 들으니 그럴 것이다.


한편 고소득자들은 소득공제를 좋아한다는 말이 있다. 이는 누진세율 때문이다. 대부분의 외국도 소득세는 누진세율이다. 누진세율에서는 금액에 따라 세율이 높아진다.

우선 누진세율인 우리나라의 소득세 세율을 보면, 과세표준 1천4백만원 이하는 6%, 1천4백~5천만원은 15%로 세율이 점점 높아지다가, 마지막 10억원 초과는 45%이다. 그래서 누진세율에서는 적용되는 최고세율이 고소득자는 높고 저소득자는 낮다.

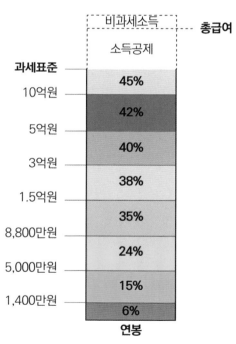

⊙ 소득세 과세표준별 세율

▸ 연봉 – 비과세소득 = 총급여
▸ 총급여 – 소득공제 = 과세표준

과세표준은 세금을 매기는 소득을 말한다. 세금을 안 매기는 비과세소득은 제외된다. 예를 들어 현재 월 20만원까지 식사대는 비과세다. 즉 과세표준에 포함되지 않는다.

그리고 과세표준 구간별로 세율이 적용된다. 과세표준이 11억원이면 45% 세율은 1억원(10억원 초과금액)만 적용된다. 10억원 이하는 각각 구간별로 계산하여 합산한다.

한편 소득공제를 하면 연봉이 줄어든다. 고소득자는 높은 세율을 적용받는 금액이 줄고, 저소득자는 낮은 세율의 금액이 줄어들게 된다. 그렇다 보니 소득공제 금액이 같아도, 연봉에 따라 실제 줄어드는 세금에 차이가 생긴다. 고소득자일수록 많이 줄어드는 것이다.

반면 세액공제는 연봉에서 세금 계산한 후 빼주는 개념이다. 그러니 세액공제 금액이 같으면 줄어드는 세금도 같다. 이는 2013년 일부 소득공제 항목을 세액공제 항목으로 전환한 이유였다.

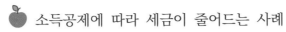 소득공제에 따라 세금이 줄어드는 사례

총급여 5천만원M과 11억원Z인 사람이 있다. M과 Z에게 각각 500만원씩 소득공제하면, 남은 금액은 M은 4천5백만원이고 Z는 10억5백만원이다.

과세표준의 경우 M은 15% 세율이 적용되는 5백만원이 줄어들고, Z는 45% 세율이 적용되는 5백만원이 줄었다. 세금을 계산하면 각각 75만원, 225만원 줄었다.

결국 소득공제 금액은 5백만원으로 같은데, 줄어든 세금은 차이가 나는 것이다.

⊙ M과 Z의 총급여 그림

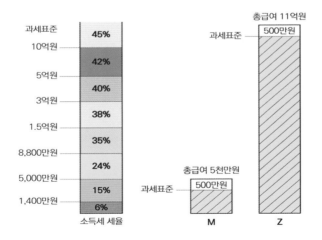

공제의 논리 대결

소득공제와 세액공제에 대해서는 견해가 나뉠 수 있다.

a견해 소득공제는 형평에 맞지 않다. 소득공제액은 같은데 세금혜택에 차이가 나는 것은 문제이다. 고소득자일수록 혜택이 너무 크다. 그러니 세액공제가 더 낫다.

b견해 소득에서 생활비 같은 비용을 먼저 빼고 계산하는 것은 소득세의 원리이다. 소득공제는 이 원리에 따른 것이다. 고소득자의 세금혜택이 커 보이지만, 이들이 내는 세금은 더 많다.


그런데 소득공제와 세액공제는 어떤 것이 꼭 옳다고 말하긴 어렵다. 외국도 소득공제 위주로 운영하는 국가도 있고 세액공제 위주로 운영하는 국가도 있다.

2013년에 일부 소득공제가 세액공제로 전환되었으나 신용카드 소득공제 등 일부는 소득공제로 남아 있다.

⊙ 소득세법상 소득공제와 세액공제 항목

| 소득공제 | 세액공제 |
| --- | --- |
| 근로소득공제 | 자녀세액공제 |
| 인적공제 | 교육비 세액공제 |
| 연금·건강보험료 소득공제 | 의료비 세액공제 |
| 주택자금 소득공제 | 보장성보험료 세액공제 |
| 신용카드 소득공제 | 기부금 세액공제 |
| 투자조합출자 소득공제 등 | 연금저축 세액공제 |
| | 월세 세액공제 등 |

# 1천만원 내셨습니다

## - 면세자와 공제 -

우리나라는 '세금을 내지 않는 면세자가 너무 많다'는 말을 한 번씩 듣는다. 일응 맞는 말이다.

다만 정확히는 근로소득세 면세자가 많다.

2022년 근로자 약 2,053만명 중 근로소득세 면세자는 690만명 정도 된다. 많은 숫자이다. 2015년 면세자 810만명에서 그 수가 점차 줄고 있는 것은 다행이다.

## ⊙ 근로소득세 면세자 수

(단위: 만명)

|  | 2014년 | 2015년 | 2017년 | 2019년 | 2021년 | 2022년 |
|---|---|---|---|---|---|---|
| 근로자 수 | 1,668 | 1,733 | 1,800 | 1,916 | 1,995 | 2,053 |
| 면세자 수 | 802 | 810 | 739 | 705 | 704 | 690 |

※ 출처: 국세청 국세통계연보(면세자 수는 근로소득 연말정산 신고인원에서 결정
　　세액이 있는 인원을 차감하여 계산)


다만 근로소득세 면세자도 다른 세금을 많이 내고 있다. 물건 살 때 부가가치세, 기름 넣을 때 유류세, 주식 거래할 때 증권거래세 등 다양한 세금을 내고 있다. 사람들이 소비를 해야 기업도 돈을 벌게 되니 사실 법인세에도 기여하고 있다.


한편 2022년과 2023년 각각 총국세로 395.9조원, 344.1조원을 거뒀고, 국세 외의 부담금 등을 포함하면 각각 617.8조원, 573.9조원을 거뒀다.

이를 인구수로 단순히 나누면 1인당 1천만원 내외의 금액이다. 1인당 약 1천만원을 낸 셈이다. 물론 고소득자일수록 세금을 많이 내니 세금을 훨씬 많이 낸 사람들도 있을 것이고, 적게 낸 사람들

도 있을 것이다. 어쨌든 사람들은 모두 각자의 위치에서 세금을 내고 있다.

**⊙ 총수입(결산기준)**

|  | 2022년 | 2023년 |
|---|---|---|
| 총수입 | 617.8조원 | 573.9조원 |
| (국세수입) | (395.9조원) | (344.1조원) |

※ 출처: 기획재정부

## - 공제의 속사정 -

한편 정부와 국회에서는 한 번씩 소득공제나 세액공제를 확대해준다. 이는 직장인들 세금부담도 줄여주면서 소비를 늘려 사업자도 돕고 경기도 살리려는 취지이다.

그런데 아쉽게도 모든 직장인들이 혜택을 보는 것은 아니다. 근로소득세 면세자들은 혜택이 없다. 사실 내는 세금이 없으니 줄여줄

세금이 없는 것은 어찌 보면 당연하다. 그러나 이는 직장인들에게 혜택을 주려는 취지로 공제를 무작정 확대할 수 없는 이유이기도 하다.


다만 월급이 오르면 면세자들도 점차 세금을 내는 경우가 많아진다. 세금을 내게 되면 공제 혜택도 받을 것이다.
어쨌든 공제를 확대해도 근로소득세 면세자들에게는 혜택을 주지 못하는 속사정이 있다.

# 월급을 지켜라

가족 쟁탈전

문턱을 넘어라

쏠쏠

거부할 수 없는 공제

만학도와 자녀교육

효자 공제

3대장의 맏형

30%의 이유

# 가족 쟁탈전
## - 인적공제 -

맞벌이 부부들은 연말연초에 긴요한 논의사항이 있다. 누가 자녀를 데려갈지에 관해서다. 서로 데려가고 싶어 한다. 통상 소득이 더 많은 사람이 데려가는 것으로 결정된다. 상대방도 보통 흔쾌히 동의한다.

이런 논의는 형제자매들 간에 부모님을 누가 모셔갈 지에 관해서도 일어난다.

바로 연말정산 인적공제 얘기이다.^ 위 논의는 누가 자녀나 부모님에 대해 인적공제를 받을 것인가에 관한 것이다.

인적공제는 기본공제대상자 1명당 150만원이다. 자신과 배우자,

부양가족이 기본공제대상자이다. 배우자와 부양가족은 소득금액의 합계액이 100만원(근로소득만 있으면 총급여 500만원) 이하여야 한다.

부양가족은 생계를 같이 하는 직계존속, 직계비속, 형제자매 등을 말한다. 직계비속에는 재혼한 배우자의 자녀도 포함된다.

### ⊙ 기본공제대상자

| |
|---|
| 거주자 본인 |
| 배우자 |
| 생계를 같이 하는 부양가족 |

▸ 배우자와 생계를 같이하는 부양가족이 기본공제대상자가 되기 위해서는 소득금액 합계액이 100만원(근로소득만 있는 경우 총급여 500만원) 이하여야 한다.

### ⊙ 생계를 같이 하는 부양가족

| 직계존속 | 만 60세 이상 |
|---|---|
| 직계비속,<br>동거입양자 | 만 20세 이하 |
| 형제자매 | 만 20세 이하, 만 60세 이상 |
| 그 밖의<br>부양가족 | • 「국민기초생활보장법」 제2조 제2호에 따른 수급자<br>• 직계비속 또는 입양자와 그 배우자가 장애인인 경우 그 배우자<br>• 「아동복지법」에 따른 가정위탁을 받아 양육하는 아동으로서 해당 과세기간에 6개월 이상 직접 양육한 위탁아동(보호기간이 연장된 20세 이하 위탁아동 포함) |

## ⊙ 생계를 같이하는 부양가족 판단기준

‣ 주민등록표의 동거가족으로서 해당 근로자의 주소 또는 거소에서 현실적으로 생계를 같이하는 사람으로 한다.
‣ 직계비속·입양자는 주소(거소)에 관계없이 생계를 같이하는 것으로 본다.
‣ 거주자 또는 동거가족(직계비속·입양자 제외)이 취학, 질병의 요양, 근무상 또는 사업상의 형편으로 본래의 주소 또는 거소를 일시 퇴거한 경우에도 생계를 같이하는 것으로 본다.
‣ 근로자의 부양가족 중 근로자(그 배우자 포함)의 직계존속이 주거의 형편에 따라 별거하고 있는 경우 생계를 같이하는 것으로 본다.

외국인 거주자의 직계존속 또는 거주자의 외국인 배우자의 직계존속이 해외본국에서 거주하고 있는 경우로서 거주자가 실제 부양하고 있음이 확인되는 경우에는 기본공제를 적용받을 수 있다.

※ 연말정산 신고안내 책자(국세청, 2023년 12월)


한편 기본공제에 더해 추가공제도 있다. 만 70세 이상이면 1명당 100만원, 장애인이면 1명당 200만원 추가공제된다.

또한 부녀자 추가공제 50만원이 있다. 배우자가 있거나, 배우자가 없으면 부양가족이 있는 세대주이면 된다. 다만 종합소득금액 3천만원 이하여야 한다.

그리고 한부모 추가공제 100만원도 있다. 배우자는 없고 직계비속이 있으면 적용된다. 한부모 추가공제와 부녀자 추가공제가 중복되면 한부모 추가공제만 적용된다.

## ⊙ 인적공제

| 기본공제 | 기본공제대상자 1명당 150만원 |
|---|---|
| 추가공제 | 기본공제대상자가 다음에 해당되면 기본공제 외에 추가로 공제<br>• 경로우대자(70세 이상)인 경우 1명당 연 100만원<br>• 장애인인 경우 1명당 연 200만원<br>• (부녀자) 종합소득금액 3천만원 이하인 거주자가 배우자가 없는 여성으로서 기본공제대상 부양가족이 있는 세대주이거나, 배우자가 있는 여성근로자인 경우 연 50만원<br>• (한부모) 배우자가 없는 근로자가 기본공제대상 직계비속 또는 입양자가 있는 경우 연 100만원(부녀자공제와 중복 배제: 한부모공제를 우선 적용) |

※ 연말정산 신고안내 책자(국세청, 2023년 12월)

어쨌든 연말연초 논의를 거쳐 자녀를 누가 데려갈지 정해지면, 그 자녀는 데려간 부모의 기본공제대상자가 된다. 그러면 자녀 교육비 등 다른 비용들도 데려간 부모가 공제받게 된다. 그러니 중요한 논의이다.^

한편 맞벌이 부부가 자녀를 중복 공제받는 경우가 있다. 또는 형제자매들이 부모님을 중복 공제받기도 한다. 그러나 국세청에서 이를 확인하는 것은 그리 어렵지 않고, 가산세까지 낼 수 있으니 유의해야 한다.

어쨌든 연말정산 시즌에는 다시 한번 가족들을 생각하게 된다.

🍎 배우자와 부양가족이 기본공제대상자가 되려면 소득금액의 합계액이 100만원(근로소득만 있으면 총급여 500만원) 이하여야 한다.

근로소득의 경우 연봉에서 비과세소득을 빼면 총급여가 되고, 총급여에서 근로소득공제를 빼면 근로소득금액이 된다. 세법에서는 '소득금액'이라는 용어를 쓰는데, 소득금액 계산은 근로소득, 사업소득 등의 종류별로 조금씩 다르다.

사업소득금액은 수입에서 경비를 뺀 개념이고, 종합소득금액은 각각의 소득금액을 합한 개념이다.

### ⊙ 근로소득세 계산

|   | | |
|---|---|---|
|   | 근로자 연봉 | (−) 비과세소득 |
| = | 총급여 | (−) 근로소득공제 |
| = | 근로소득금액 | (−) 각종 소득공제 |
| = | 과세표준 | (×) 세율 |

‣ 비과세소득은 월 20만원 이하의 식사대, 생산직 근로자의 시간 외 근무수당(연 240만원 한도) 등이 있다.

‣ 근로소득공제는 총급여에 따라 일률적으로 빼는 금액이다. 연 500만원까지는 70%가 공제되고, 점점 공제율이 낮아져 1억원 초과금액은 2%가 공제된다. 총 2천만원까지만 공제된다. 근로소득세 계산할 때 자동 계산되는 공제이다. 그래서 직장인들이 잘 모르는 경우가 많다.

# 문턱을 넘어라
## – 신용카드 소득공제 –

직장인들은 흔히 유리지갑이라 불린다. 얼마를 받는지 훤히 보인다는 것이다. 자영업자들은 소득이 노출되지 않으니 불공평하다고도 직장인들은 말한다.

그런데 요즘 자영업자들도 자신들이 유리지갑이라고 말하곤 한다. 신용카드 사용이 보편화되어 매출을 숨길 수가 없다는 것이다. 일응 맞는 말 같다. 이렇게 된 데는 신용카드 소득공제의 역할이 있었다.

신용카드 소득공제는 1999년 도입되었다. 그 이유는 신용카드를 많이 쓰도록 하기 위해서였다. 이를 통해 자영업자의 매출과 소득을 포착하려는 것이었다. 그리고 소득공제를 통해 직장인들 세금 부담도 완화하려는 취지였다. 당시 현금거래가 많아 자영업자와 직장인 간의 세부담 형평 문제가 계속 제기되고 있었다.

그 후 신용카드 사용이 빠르게 늘어났다. 자영업자들의 매출도 점차 노출되었다. 그리고 신용카드 소득공제는 연말정산 때 직장인들이 빼놓지 않는 제도로 자리매김했다. 2022년 신용카드 소득공제를 신고한 직장인은 1,202만명에 달했다.

신용카드 소득공제는 3가지 정도 특징이 있다.
첫째 '문턱'이 있다. 카드를 쓴다고 다 공제되는 것이 아니고, 제법 많이 써야 된다. 카드로 쓴 금액이 총급여의 25%를 넘어야 된다. 이는 카드로 생활비의 일부만 쓰지 말고, 문턱을 넘도록 대부분을 쓰라는 취지이다. 당초 1999년 도입될 때는 문턱이 총급여의 10%였다. 카드 사용이 늘어나면서 문턱이 점점 높아져 2010년부터 25%로 되었고 현재까지 유지되고 있다.

둘째 공제율이 다양하다. 문턱을 넘는 금액에 대해 신용카드 사용액은 15%, 현금영수증이나 체크카드 사용액은 30%가 적용된다. 사용처별로는 도서구입비나 공연·영화관람비는 30%, 전통시장이나 대중교통 사용분은 40%이다.

한편 공제한도가 있다. 기본 한도는 300만원(총급여 7천만원 초과자는 250만원)인데, 도서구입비 등은 300만원(총급여 7천만원 초과자는 200만원) 추가 한도가 있다.

#### ⊙ 신용카드 소득공제

| 공제문턱 | 공제율 | | 총급여별 공제한도 | |
|---|---|---|---|---|
| | | | 7천만원 이하 | 7천만원 초과 |
| 총급여의 25% | 카드별 | 신용카드 15%<br>현금영수증·직불·체크카드 30% | 기본 300만원 | 250만원 |
| | 사용처별 | 도서·공연·박물관·영화관람료 등 30%<br>전통시장·대중교통 사용 40% | 추가 300만원 | 200만원 |

셋째 공제가 안 되는 비용들이 있다. 예를 들어 신차 구입비(다만 중고차는 구입비의 10%가 공제된다)나 세금·공과금, 해외결제 금액, 통신비, 면세물품 구입비 등이다.

그리고 교육비나 보험료 등 다른 항목의 공제가 적용되면, 대체로 신용카드 소득공제는 적용이 안 된다. 한편 신용카드로 결제한 의료비, 학원비, 교복구입비는 공제가 가능하다.

⊙ 신용카드 소득공제와 세액공제 항목 중복 적용 여부

| 구 분 | | 세액공제 항목 | 신용카드공제 |
|---|---|---|---|
| 신용카드로 결제한 의료비 | | 의료비 세액공제 가능 | 신용카드공제 가능 |
| 신용카드로 결제한 보장성보험료 | | 보험료 세액공제 가능 | 신용카드공제 불가 |
| 신용카드로 결제한 학원비 | 취학 전 아동 | 교육비 세액공제 가능* | 신용카드공제 가능 |
| | 그 외 | 교육비 세액공제 불가 | |
| 신용카드로 결제한 교복구입비 | | 교육비 세액공제 가능 | 신용카드공제 가능 |
| 신용카드로 결제한 기부금 | | 기부금 세액공제 가능 | 신용카드공제 불가 |

* 취학 전 아동의 경우 학원, 체육시설 등의 수강료에 대해 교육비 세액공제 가능
※ 연말정산 신고안내 책자(국세청, 2023년 12월)


이 같은 특징들을 보면 신용카드 소득공제는 꽤 복잡하다. 그러나 걱정할 필요는 없다. 카드회사와 국세청에서 연말정산 때 공제금액이 얼마인지 계산해 주기 때문이다. 그냥 카드를 쓰면 된다. 다만 쓸 때 공제가 얼마나 될지 알기 어려운 구조인 것은 다소 아쉽다.

한편 배우자나 직계존비속(생계를 같이하는 직계존비속으로 배우자의 직계존속도 포함된다)이 쓴 카드금액도 공제가 된다. 다만 배우자나 직계존비속은 연간 소득금액 합계액이 100만원(근로소득만 있으면 총급여 500만원) 이하여야 된다. 그러나 형제자매의 카드 사용은 공제대상이 아니다.

## – 공제의 역할 –

일각에서는 이제 자영업자의 소득 노출도 많이 되었으니, 신용카드 소득공제를 줄이든지 없애자는 말도 있다.

그러나 많은 직장인들은 신용카드 소득공제를 빼면 연말정산 공제받을 게 없다고 말한다. 신용카드 소득공제는 공제받기도 쉽고 유용하게 느끼는 경우가 많다. 그래서 직장인들의 애착이 큰 공제이기도 하다.

신용카드 소득공제는 2~3년 단위의 일몰제로 운영되는데, 2011년에는 일몰기한이 다가오자 수만 명이 폐지반대 서명을 하여 정부에 제출하기도 했다.

신용카드 소득공제로 직장인들의 세부담이 줄어드는 것은 환영할
일이나, 그만큼 세금수입도 줄어드니 균형 있는 고민이 필요한 듯
하다.


한편 신용카드 소득공제는 다른 역할도 많이 해 왔다. 전통시장이
나 대중교통 이용을 활성화하기 위해 공제율을 40%로 높였다.
2023년에는 공제율을 전통시장은 50%, 대중교통은 80%까지 높
이고, 코로나19 때는 내수경기 부양을 위해 공제율을 2배로 대폭
높이기도 했다. 이렇게 정부의 정책을 지원하는 역할을 톡톡히 해
온 것이다.

🍎 신용카드 공제의 문턱 아래의 금액은 무슨 카드 사용액부터 채울까? 문턱을 넘는 금액만 공제가 되니 문턱 아래는 공제율이 낮은 신용카드 사용액부터 채워야 공제액이 커진다. 현재 체계가 그렇다.

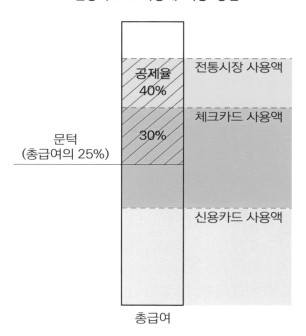

**⊙ 신용카드 소득공제 적용 방법**

▸ 빗금친 부분이 공제금액이 된다.

# 쏠쏠

## − 장기주택저당차입금 이자상환액 소득공제 −

궁금이 이 집 어떻게 사셨어요?

매수인 네 은행에서 도와줬어요. (또는 은행에서 사 줬어요)

궁금이 네..

이 대화는 우스갯소리지만, 공감하는 사람들이 많을 것이다. 집 살 때 온전히 자기 돈으로만 사는 사람은 많지 않다. 집을 담보로 은행의 대출 도움을 받는 것이다. 2024년 2분기 가계대출 규모는 1,780조원 수준인데, 이 중 주택담보대출이 1,093조원에 달한다.(2024년 2/4분기 가계신용, 2024년 8월 20일 한국은행)

집 살 때 은행 도움받는 것은 괜찮은데, 담보채무 이자 갚는 것은 보통 일이 아니다. 이자 갚는다고 등골 휜다는 말도 있다. 대부분 불가피하게 대출을 받았을 텐데, 이때 '장기주택저당차입금 이자상환액 소득공제'가 적용되면 쏠쏠하게 도움이 된다. 이는 근로자가 주택 담보채무의 이자를 갚으면 이자납부액이 소득공제되는 제도이다.

다만 공제한도가 있다. 원금 상환기간이 15년 이상이면 공제한도가 500만원에서 1,800만원까지 되고, 상환기간이 10년 이상 15년 미만이면 300만원이다. 상환방식이 고정금리인지 비거치식인지에 따라 공제한도가 달라진다. 다른 항목가 비교할 때 공제한도가 높은 수준이다.

⊙ 장기주택저당차입금 이자상환액 소득공제의 공제한도

| 상환기간 | 상환방식 | 공제한도 |
|---|---|---|
| 15년 이상 | 고정금리 방식이고 비거치식 분할상환 방식 | 1,800만원 |
| | 고정금리 방식이거나 비거치식 분할상환 방식 | 1,500만원 |
| | 기타 | 500만원 |
| 10년 이상 15년 미만 | 고정금리 방식이거나 비거치식 분할상환 방식 | 300만원 |

‣ 고정금리 방식: 차입금의 70% 이상 금액에 대한 이자를 상환기간 동안 고정금리로 지급하는 경우(5년 이상의 기간 단위로 금리를 변경하는 경우를 포함)

‣ 비거치식 분할상환 방식: 차입일이 속하는 과세기간의 다음 과세기간부터 차입금 상환기간의 말일이 속하는 과세기간까지 매년 다음 계산식에 따른 금액 이상의 차입금을 상환하는 경우

$$기준금액 = 차입금의 100분의 70 / 상환기간 연수$$

그리고 공제를 받으려면 적용요건에 맞아야 한다.

은행대출을 받은 세대주인 근로자가 적용대상이다. 세대주는 실제 거주 여부와 관계없이 적용된다. 한편 세대원인 근로자는 실제 거주하는 경우 세대주 대신 공제를 받을 수 있다.

그리고 취득할 때 주택의 기준시가가 5억원 이하여야 한다. 4억원이던 것을 2019년부터 5억원으로 상향하였다. 또한 세대를 기준으로 2주택이면 적용이 안 된다. 2주택 여부는 과세기간 종료일 (12월 31일)을 기준으로 판단한다.

🍎 한편 주택 관련 다른 공제들도 있다.

주택임차(전세) 보증금을 은행에서 대출받고, 원금과 이자를 상환할 때 적용되는 주택임차차입금 원리금상환액 소득공제가 있다. 무주택 세대주인 근로자에게 적용되며, 국민주택규모(전용면적 85㎡) 이하 주택만 적용된다.

그리고 주택마련저축 납입액 소득공제가 있다. 이는 총급여 7천만원 이하의 무주택 세대주인 근로자에게 적용된다.

이들 두 공제는 합쳐서 공제한도가 400만원이고, 장기주택저당차입금 이자상환액 소득공제와도 공제한도가 연계되어 있다.

### ⊙ 주택자금 소득공제

| 대상 | 공제금액 | 공제한도 |
|---|---|---|
| ① 장기주택저당차입금 이자상환액 | 무주택 또는 1주택 보유세대의 세대주(세대원 포함)인 근로자가 기준시가 5억원 이하 주택을 구입하기 위한 차입금의 이자상환액 | 연 300~1,800만원 [①+②+③] |
| ② 주택임차차입금 원리금상환액 | 무주택 세대의 세대주(세대원 포함)가 국민주택규모의 주택을 임차하기 위한 차입금의 원리금상환액의 40% | 연 400만원 [②+③] |
| ③ 주택마련저축 납입액 | 청약저축·주택청약종합저축 납입액 (연 240만원 한도)의 40% | |

※ 연말정산 신고안내 책자(국세청, 2023년 12월) 일부 수정·편집

# 거부할 수 없는 공제

## – 월세 세액공제 –

월세 소득세 공제는 2010년 도입되었다. 원래는 소득공제였는데 2015년부터 세액공제로 바뀌었다.

앞서 본 쏠쏠 편의 장기주택저당차입금 이자상환액 소득공제는 주택 소유자를 위한 것이고, 주택임차차입금 원리금상환액 소득공제는 전세 세입자를 위한 것이다. 이번 월세 세액공제는 월세 세입자를 위한 것이다.

▸ 장기주택저당차입금 이자상환액 소득공제 ☞ 주택 소유자

▸ 주택임차차입금 원리금상환액 소득공제 ☞ 전세 세입자

▸ 월세 세액공제 ☞ 월세 세입자

그런데 간혹 집주인들이 세입자에게 월세 공제를 받지 않도록 요구하거나 이를 임대차계약서에 명기하는 경우도 있다고 한다. 그러나 월세 공제는 임대차계약서 사본, 근로자의 주민등록등본, 계좌이체 등 월세지급 자료만 있으면 신청 가능하다.

### ⊙ 월세 세액공제 증명서류

▸ 근로자의 주민등록등본

▸ 임대차계약서 사본, 계좌이체 영수증, 무통장입금증 등 주택 임대인
  에게 월세액을 지급하였음을 증명할 수 있는 서류

즉 집 주인에게 알리거나 동의를 받을 필요가 없다. 집주인과의 관계 등 여러 사정으로 월세 공제를 적용받지 않았다면 5년 내에 경정청구를 통해 소득세를 환급받을 수 있다. 이는 다른 공제항목들도 마찬가지이다.

월세 공제는 세입자의 소득세를 줄여주는 것으로, 집주인과는 직접 관련이 없다. 집주인이 '거부할 수 없는 공제'인 것이다.

집주인이 꺼리는 이유는 월세 공제 자료가 국세청으로 넘어가 자신의 임대소득이 노출될 것을 염려하기 때문일 것이다. 그러니 세입자가 공제받지 않도록 요구하는 것은 세금 회피를 위한 것으로 문제 소지가 있다.

월세 공제 적용대상자는 무주택 세대의 세대주이면서 총급여 8천만원 이하의 근로자이다. 세대를 기준으로 무주택이어야 하고 무주택 여부는 연말을 기준으로 판단한다. 배우자는 생계를 달리하여도 동일한 세대로 보아, 배우자가 주택을 소유하고 있으면 공제대상이 아니다. 그리고 월세 공제는 성실신고확인대상 사업자 등 일부 사업자에게도 적용된다.

한편 주택 임대차계약은 근로자 본인 명의로 체결해야 된다. 다만 본인의 기본공제대상자인 배우자 등이 체결해도 근로자 본인이 주민등록상 거주하고 월세를 실제 부담하면 적용받을 수 있다.

그리고 주택은 국민주택규모(전용면적 $85 \text{m}^2$) 이하 또는 기준시가 4억원 이하여야 한다. 주거용 오피스텔이나 고시원도 포함된다. 다만 기숙사는 포함되지 않는다.
세액공제율은 총급여 수준에 따라 17%, 15%이다. 공제한도는 연 1,000만원이다.

## ⊙ 월세 세액공제 주요내용

| 대상자 | 주택 | 총급여별 공제율 | 공제한도 |
|---|---|---|---|
| 무주택자이면서 총급여 8,000만원 이하 | 국민주택규모 또는 기준시가 4억원 이하 | 5,500 ~ 8,000만원 15%<br>~ 5,500만원 17% | 1,000만원 |

‣ 2024년부터 총급여는 7,000만원 이하에서 8,000만원 이하로, 공제한도는 750만원에서 1,000만원으로 상향되었다.

# 만학도와 자녀교육
## - 교육비 세액공제 -

매년 2월이면 졸업식이 한창이다. 올해 2월에는 경남 거창에서 94살 된 할머니가 초등학교 졸업장을 받으며 눈시울을 붉혔다. 이런 광경은 최근 전국적으로 많이 볼 수 있다. 83세에 초등학교를 졸업한 한 할머니는 이제 중·고등학교까지 도전하겠다고 만학열을 불태웠다.

한편 우리 부모님들은 자녀들 교육에 매진했다. 그 자녀들이 이제 부모가 되었으나 자녀교육 열기만큼은 식지 않고 있다. 물건값을 깎고 점심비용을 줄이더라도 비싼 학원비 내는 데는 거침이 없다. 출산율은 낮은데 학원은 불황이 없는 듯하다.

교육비는 의료비·보험료 등과 함께 생활에 필수적인 비용이다. 소득세에도 교육비 세액공제가 있다. 공제율은 지출한 교육비의 15%이다.

교육비 공제는 원래 '근로자 본인'이 중심이다. 본인을 위해 지급한 교육비는 전액 대상이 된다. 대학원 비용과 직업능력개발훈련시설 수강료도 포함된다.

교육비 공제는 1978년에 근로자 본인의 교육비만 적용되는 '근로학생공제'로 신설되었으나, 1982년 2명 이내의 자녀 교육비도 포함하면서 '교육비 공제'로 확대된 것이다.

교육비 공제는 한도가 있다. 기본공제대상자인 자녀 등이 초·중·고등학생이거나 취학 전이면 1명당 300만원이다. 자녀가 대학생이면 1명당 900만원으로 대폭 늘어난다. 이는 비싼 대학 등록금과 수업료 부담을 완화하는 데 다소 도움이 될 수 있다. 다만 대학원생 자녀는 공제가 안 된다.

그리고 기본공제대상자인 장애인의 재활교육 비용은 전액 공제된다.

## ⊙ 교육비 세액공제 한도

| 구 분 | 세액공제 금액 |
|---|---|
| 근로자 본인 | 전액(대학원교육비, 직업능력개발훈련시설 수강료 포함) |
| 기본공제대상자(나이 제한받지 않음)인 배우자·직계비속·형제자매 및 입양자<br><br>※ 직계존속은 제외 | ① 초등학교 취학 전 아동, 초·중·고등학생<br>  ⇒ 1명당 연 300만원 한도<br><br>② 대학생 ⇒ 1명당 연 900만원 한도<br><br>③ 대학원생 ⇒ 공제대상 아님 |
| 장애인 특수교육비(직계존속 포함) | 전액 |

※ 연말정산 신고안내 책자(국세청, 2023년 12월)

한편 공제되는 교육비는 주로 공교육에 따른 비용이다. 학교의 수업료·입학금·보육비용·수강료나 급식비, 학교에서 구입한 교과서 대금, 교복, 방과 후 과정의 수업료나 현장체험학습비 등이다. 자녀의 국외유학 비용도 우리나라의 학교와 같은 교육기관에 해당하면 교육비 공제가 가능하다.

다만 초·중·고등학생의 학원비는 공제대상이 아니다. (초등학교 취학 전의 학원비나 어린이집 비용은 공제대상이다) 일각에서는 이들 비용도 실제 지출하고 있으니 공제해야 된다고 말하기도 한다.

그러나 공제대상에서 제외한 나름의 이유도 있다. 우선 이들 비용은 신용카드 소득공제가 가능하다. 그리고 사교육보다 공교육으로 유도해 가야 되는데, 사교육비 지출에 세금까지 지원하긴 어렵다는 것이다. 사실 무상교육으로 이미 많은 예산이 투입되고 있기도 하다.

어쨌든 학원비를 지출하고 있는 현실과 교육비 공제 사이에는 다소 괴리가 있다. 다만 이는 커진 학원비를 슬림화하는 방향으로 고민하는 건 어떨까 한다.


통상 교육비 공제라 하면 '자녀' 교육비를 먼저 떠올리게 된다. 그러나 당초 교육비 공제는 '근로자 본인'을 염두에 두고 도입된 것이었다. 사회가 빠르게 변화하면서 평생 공부해야 되는 시대이다. 요즘은 정규교과 과정이 아니라도 공부할 곳과 방법이 많다. 교육비 공제의 취지처럼 필자부터 무슨 공부나 교육이 필요할지 생각해 본다.

# 효자 공제

## − 의료비 세액공제 −

고령화와 함께 중요해지는 공제가 있다. 바로 의료비 공제이다. 이는 근로자 본인과 부양가족인 기본공제대상자를 위해 지출한 의료비가 대상이다.

부모님 의료비의 경우 부모님을 부양하는 근로자가 공제받을 수 있다. 형제자매가 부모님 의료비를 나누어 냈더라도 각자가 따로 공제받는 것은 안 된다. 즉 실제 부양하지 않는 부모님의 의료비는 공제되지 않는다. 그러니 효자 공제라 할 수 있다.

한편 맞벌이 부부가 배우자를 위해 의료비를 지출한 경우 지출한 자가 공제받을 수 있다.

의료비 공제는 '문턱'이 있다. 지출한 의료비가 총급여의 3%를 넘어야 한다.

넘는 금액의 15%가 세액공제 된다. 미숙아·선천성 이상아를 위해 지출한 의료비는 20%, 난임시술비는 30% 공제율이 적용된다.

그리고 공제대상 의료비는 의료기관에 지급한 비용, 의약품 구입비, 장애인보장구나 의료기기 구입·임차비, 보청기 구입비 등이다. 안경·콘택트렌즈 구입비(50만원 한도), 산후조리원 비용(200만원 한도)도 공제가 된다.

그러나 미용·성형 수술비, 건강증진 목적의 의약품 구입비, 간병비는 공제대상이 아니다.

한편 실손보험금으로 보험회사로부터 의료비의 일부를 수령하는 경우 의료비에서 실손보험금을 빼고 공제받아야 한다. 근로자가 직접 부담한 의료비가 공제대상이기 때문이다.

## ⊙ 의료비 세액공제 대상

▸ 진찰·치료·질병예방을 위해 의료기관에 지급한 비용

▸ 치료·요양을 위한 의약품(한약 포함) 구입비

▸ 장애인 보장구 및 의사 등의 처방에 따라 의료기기를 직접 구입하거나 임차하기 위하여 지출한 비용

▸ 시력보정용 안경 또는 콘택트렌즈를 구입비로서 기본공제대상자(연령 및 소득금액의 제한 없음) 1명당 연 50만원 이내의 금액

▸ 보청기 구입비

▸ 장기요양급여 비용으로 실제 지출한 본인부담금

▸ 「장애인활동 지원에 관한 법률」에 따른 활동지원급여에 대한 비용으로서 실제 지출한 본인부담금

▸ 산후조리원 비용(출산 1회당 200만원 한도)

# 3대장의 맏형

## - 보험료 세액공제 -

소득세 공제는 전통의 3대장이 있다. 도입된 연도가 오래된 3대장이다. 바로 교육비, 의료비, 보험료 공제이다. 이 중에서도 보험료 공제가 제일 맏형이다. 교육비와 의료비 공제는 1978년 도입되었는데 보험료 공제는 한 해 앞선 1977년 도입되었다.

보험료 공제는 생명보험, 상해보험, 손해보험 등의 보장성보험 보험료가 그 대상이다. 보장성보험은 만기에 환급되는 금액이 납입보험료를 넘지 않는 보험을 말한다.
세액공제율은 보험료의 12%이다. 맏형이지만 두 동생인 교육비·의료비 공제율 15%보다는 낮다. 다만 장애인전용보장성보험의 보험료는 15%이다. 그리고 연 100만원의 공제한도가 있다.

⊙ 보험료 세액공제 한도 및 세액공제율

| 구 분 | 세액공제 한도 | 세액공제율 |
| --- | --- | --- |
| 보장성보험의 보험료 | 연 100만원 한도 | 12% |
| 장애인전용보장성보험의 보험료 | 연 100만원 한도 | 15% |

한편 보험의 계약자와 피보험자가 헷갈릴 수 있는데 정리하면 이렇다. 원래 근로자가 지출한 비용을 공제하는 것이니, 계약자는 근로자 본인이 원칙이다. 그리고 피보험자는 근로자 본인이거나 기본공제대상자인 부양가족이면 된다.

다만 예외적으로 기본공제대상자인 부양가족 명의로 계약을 체결한 경우에도 근로자가 보험료를 실제 납부하였으면 공제가 된다.

# 30%의 이유

## − 기부금 세액공제 −

기부금 세액공제율은 공제항목들 중 원탑 공제율이다. 기부금의 15%가 원칙이지만, 1천만원 넘는 기부금은 30%이다. 2024년도에는 3천만원 넘는 기부금에 대해 40%를 적용한다.

### ◉ 2024년 기부금 세액공제율

| |
|---|
| 1천만원 이하분 15% |
| 1천만원 초과분 30% |
| 3천만원 초과분 40% |

기부금이 1천만원을 넘는 경우도 흔치는 않지만 왜 이렇게 공제율이 높을까? 우선 기부는 좋은 것이니 공제율을 높여 고액 기부를 유도하기 위해서일 것이다.

그리고 이는 소득공제의 세액공제 전환과도 관련이 있다.

기부금 공제는 당초 소득공제였으나 2013년 말 세액공제로 전환되었다. 이 때 교육비·의료비·보험료 등도 함께 세액공제로 전환되었다. 2014년 기부금 세액공제율은 기본 15%이고 3천만원 초과 금액은 25%였다. 소득공제의 세액공제 전환은 고소득자와 저소득자의 형평을 위한 것이었다.

- '고소득자와 누진세' 中 -

누진세율에서는 적용되는 최고세율이 고소득자는 높고 저소득자는 낮다. 한편 소득공제를 하면 연봉이 줄어든다. 고소득자는 높은 세율을 적용받는 금액이 줄고, 저소득자는 낮은 세율의 금액이 줄어들게 된다. 그렇다 보니 소득공제 금액이 똑같아도, 연봉에 따라 실제 줄어드는 세금에 차이가 생긴다. 고소득자일수록 많이 줄어드는 것이다.

반면 세액공제는 연봉에서 세금 계산한 후 빼주는 개념이다. 그러니 세액공제 금액이 같으면 줄어드는 세금도 같다.

그런데 기부금은 다른 공제항목들과 다소 다른 면이 있다.

교육비 등은 근로자 본인을 위해 지출한 비용이지만, 기부금은 타인을 위해 지출한 것이다. 그러니 교육비의 경우 공제한도 등을 두어 세금혜택을 제한하고 있지만, 기부금은 일응 많이 할수록 좋다.

그리고 고액기부는 아무래도 고소득자가 많이 할 텐데, 세액공제 전환으로 고액기부가 줄어들까 우려가 있었다. 따라서 기부금 공제율은 주로 고소득자들에게 적용되는 소득세 최고세율과도 함께 볼 필요가 있다.

세액공제로 전환된 2014년 소득세 최고세율은 38%(과세표준 1.5억원 초과금액)였는데, 이후 점차 높아져 현재 45%(과세표준 10억원 초과금액)이다. 그리하여 기부금 세액공제는 공제항목들 중 원탑 세액공제율이 적용되게 된 것이다.

한편 기부금 공제에는 다른 공제항목에는 없는 혜택도 있다. 그 해 연봉이 적거나 공제한도 등에 걸려서 실제 세액공제를 적용 못 받는 경우가 있다. 이때 기부금 세액공제액을 이후 10년까지 넘겨서 공제받을 수 있다. 이른바 '이월공제'라 한다.

그리고 근로자 본인의 기본공제대상자인 부양가족이 지출한 기부금도 공제대상이 된다.

다만 기부금 공제 이용에 아쉬운 점도 있다. 허위 기부금 영수증으로 공제받는 경우가 종종 있는 것이다. 이에 국세청은 표본조사 등을 통해 진위 여부를 확인하고 있으며 적발되면 가산세도 내야 한다.


마무리하면, 세금으로 마음이 무거울 수 있는데 그래도 기부금 공제를 생각하면 마음이 조금 넉넉해지기도 한다.

좋은 일들 많이 하시고 기부금 공제도 챙기시길 바란다.^

🍎 한편 2023년 1월부터 '고향사랑기부제'가 도입되었다. 개인들이 지방자치단체에 기부하는 제도이다. 고향사랑기부에 대해서는 기부금 공제를 확대하였다. 기부금 10만원까지는 전액 세액공제하고 있다. 아래 인용한 것처럼 고향사랑기부제 정착 여부에 기부금 공제의 역할이 커 보인다.

- '사랑받는 법' 中 -

원래 기부금에 대해서는 소득세 세액공제 15%(지방세를 포함하면 16.5%)를 통해 세금을 줄여준다.

그런데 고향사랑기부에 대해서는 세액공제를 확대해 주었다. 10만원 이하의 기부까지는 전액 세액공제가 되도록 한 것이다. 10만원을 기부하면 10만원을 돌려받는 셈이다. 답례품을 생각하면 개인에게 더 이득이 된다. 그리고 고향에 기부하는 뿌듯함이라는 덤도 있다.

# 양도세 주택수칙

금과옥조

우연과 필연

주택수칙의 예외

2가지 메시지

# 금과옥조

## - 1주택자 비과세 -

'아파트는 주민의 것'.

2023년 개봉한 영화 '콘크리트 유토피아'에서 황궁아파트 주민들이 외치는 주민수칙이다. 대지진으로 서울은 폐허가 되고 황궁아파트만 멀쩡하게 남았다. 아파트 주민들은 주민수칙을 만들고, 이에 맞춰 아파트의 모든 일들을 판단한다. 밖은 생지옥이고, 황궁아파트에 산다는 것 자체가 생존이고 권력이 된다.

사실 재난이 일어나지 않더라도 우리가 사는 집은 삶의 터전이자 생존과 직결된다. 그래서 정부의 거의 모든 정책이 집(부동산)으로 통한다고 해도 과언이 아니다.

세금도 그렇다. 특히 집과 관련된 것이 양도소득세(양도세)이다. 그런데 양도세에도 황궁아파트의 주민수칙 같은 원칙이 있다.^

바로 '비과세는 (1세대) 1주택자의 것'이다.
영화에서는 '아파트는 주민의 것' 주민수칙에 따라 아파트 주민에게 모든 이익이 돌아간다. 양도세에서도 '비과세는 1주택자의 것' 원칙에 따라 1주택자에게 세금혜택이 집중된다.

원래 부동산을 팔 때 양도차익이 생기면 양도세를 내야 한다. 양도세를 내는 자산은 정해져 있다. 대표적으로 부동산과 주식이다. 그러나 '비과세는 1주택자의 것' 원칙에 따라 1세대를 기준으로 주택이 1채뿐이면 그 주택은 양도세를 안 내도 된다.

### ⊙ 양도세 대상

| |
|---|
| 토지, 건물, 부동산에 관한 권리(입주권, 분양권, 전세권 등) |
| 시설물 이용권·회원권 등 |
| 주식, 파생상품 등 |

▸ '양도'란 매도 등을 통해 자산을 유상 이전하는 것을 말한다.

1세대는 주소(또는 거소)에서 생계를 같이 하는 가족단위를 말한다. 그리고 1주택인지는 주거용 건물만으로 센다. 토지나 상가는 가지고 있어도 상관없다. 한편 1주택이 인정되려면 그 주택을 2년 이상 보유했어야 한다. 조정대상지역의 주택을 취득했으면 거주도 2년 이상 했어야 한다. 이러한 보유와 거주 요건들은 종종 변경되어 왔다.

1주택인지를 가리는 시점은 양도일이다. 양도일은 잔금 지급일이 원칙인데, 소유권 이전등기(접수)가 먼저 되면 등기일이다. 매매계약일이 아니다. 이 양도일을 기준으로 2년 이상 보유 등의 요건이 충족되어 있어야 한다.

**⊙ 1세대 1주택 비과세**

| | |
|---|---|
| 1세대 기준 | 거주자 및 그 배우자가 주소나 거소에서 생계를 같이 하는 자(취학 등으로 일시 퇴거자 포함)와 구성하는 가족단위 |
| 보유 요건 | 2년 이상 보유 |
| 거주 요건 | 2017.8.3. 이후 취득한 조정대상지역 내 주택은 보유기간 중 2년 이상 거주 필요 |
| 판단시기 | 주택을 양도할 때 |

1주택자 비과세 취지는 집은 생활 필수재로 주거안정을 도우려는 것이다.

집은 무작정 늘릴 수 없고 한정되어 있다. 그렇다 보니 집값은 물가상승 등이 반영되어 통상 오른다. 그리고 이사가려고 하면 이사 갈 집들도 통상 가격이 올라 있다. 그런데 파는 집에 양도세를 내야 되면, 이사 갈 집 사는데 추가자금을 구해야 한다.

그리고 많은 사람들이 1주택자일 텐데, 이사할 때마다 양도세를 계산하게 하면 엄청난 시간과 비용이 들 것이다.


이러한 점 때문에 '비과세는 1주택자의 것' 원칙이 나왔다. 이는 황궁아파트의 주민수칙 같은 양도세의 '주택수칙'이다. 이 주택수칙은 양도세의 거의 모든 이슈를 판단하는 기준이 된다.

즉 양도세에서 금과옥조金科玉條 같은 원칙이다.

# 우연과 필연

## - 비과세 특례 -

황궁아파트 주민수칙에는 '아파트는 주민의 것' 뒤에 따라오는 말이 있다. 바로 '주민만이 살 수 있다'이다.

'아파트는 주민의 것'까지는 괜찮았는데, '주민만이 살 수 있다'라고 하니 맞는 말 같긴 한데 약간 고개가 갸우뚱해진다. 이기적으로도 보이고, 극한에 처한 인간의 본성으로도 보인다.

황궁아파트에도 외부인들을 보듬는 주민들이 있다. 그러나 통상 그렇듯 강경파가 득세한다. 결국 이 주민수칙에 따라 외부인들은 쫓겨나고 얼씬도 못하게 된다.


한편 양도세로 돌아와 보자.

'주택수칙'은 어떤가? 1주택자도 불가피하게 2주택자가 되는 경우가 있다. 이런 경우 '비과세는 1주택자**만**의 것'이라고 하면 황궁아파트와 같은 길을 가는 것이다.

그러나 양도세는 다른 길을 간다. '비과세는 1주택자의 것' 뒤에는 '2주택자도 우연과 필연은 비과세다'가 따라온다. 우연과 필연은 불가피하게 주택을 취득하는 경우를 말한다.


'우연'한 경우를 보자.

우선 결혼할 때다. 1주택자가 결혼을 했는데 상대방도 1주택을 소유하고 있었던 것이다. 우연히.^ 결혼하여 세대를 합치면서 1세대 2주택이 되었다. 이 경우 결혼하고 5년 내 주택을 양도하면, 2주택자이지만 1주택자로 봐 준다. 즉 비과세가 가능하다.

그 후 남은 주택도 1개이니 1주택자 비과세가 된다.


또는 상속할 때다. 1주택자였는데 주택을 상속받으면서 2주택자가 된 것이다. 이 경우 당초의 주택을 양도할 때 1주택자로 봐 준다.

부모님을 모실 때도 그렇다. 1주택자가 부모님을 모시려고 세대를 합쳤는데, 부모님도 1주택자여서 1세대 2주택자가 된 것이다. 이 경우도 10년 내 주택을 양도하면 1주택자로 봐 준다.

다음 '필연'적인 경우를 보자.

우선 이사할 때다. 이사를 가려면 신규주택을 구해야 한다. 필연적으로.^ 그런데 살던 종전 1주택을 양도하기 전에 신규주택을 취득해야 하는 경우가 종종 있다. 종전 1주택이 팔리지 않거나 이사 날짜가 맞지 않는 경우 등이다.

한편 신규주택을 먼저 취득하면 종전 1주택을 양도할 때 2주택자가 된다. 이런 경우 종전 1주택을 양도할 때 1주택자로 봐 준다. 다만 요건이 있다. 종전 1주택을 취득하고 1년이 지나 신규주택을 취득해야 되고, 신규주택을 취득하고 3년 내에는 종전 1주택을 양도해야 된다는 것 등이다.

일상생활에서 가장 많이 활용되는 사례이다.

### ⊙ 일시적 신규주택 취득시 비과세 특례

| | |
|---|---|
| 요건 | 종전주택 취득한 날부터 1년 이상 지난 후 신규주택 취득 |
| | 신규주택 취득한 날부터 3년 이내 종전주택 양도 |
| 특례 | 종전주택을 양도할 때 비과세 적용 |

‣ 종전주택은 앞서 본 2년 이상 보유 등 비과세 요건은 충족해야 한다.
‣ 다만 조정대상지역 내 종전주택과 신규주택이 있으면 1년 이내 이사 및 종전주택 양도 등의 요건이 추가된다.

또는 부득이한 사유로 주택을 살 때가 있다. 취학, 근무, 질병요양 등은 그 부득이한 사유가 된다. 이 경우 수도권 밖 주택을 취득하여 2주택자가 되면, 당초 1주택을 양도할 때 1주택자로 봐 준다. 다만 부득이한 사유가 없어지면 3년 내 양도해야 한다.

#### ⊙ 1세대 1주택 비과세 특례
(2주택자도 비과세 적용)

| 우연 | 필연 |
|---|---|
| 결혼으로 두 채 소유 | 일시적 신규주택 취득 |
| 부모님 봉양으로 합가 | 부득이한 사유로 지방주택 취득 |
| 상속받아 두 채 소유 | |

▸ 이 외 농어촌지역 주택 등을 취득한 경우에도 비과세가 적용된다.

한편 우연과 필연이 2개 이상 겹칠 때도 있다. 예를 들면 결혼하거나 이사를 가면서 우연히 또는 필연적으로 2주택자가 되었는데, 곧이어 상속을 받아 3주택자가 된 것이다. 이런 경우는 과세 실무상 2개까지는 겹쳐도 비과세가 적용되고 있다.

이러한 우연과 필연은 양도세 주택수칙의 일부이다. 즉 이는 '비과세는 1주택자의 것' 수칙을 보완하고 있다.

황궁아파트 주민들이 결국 외부인들이 쳐들어오면서 몰락한 것과는 달리, 양도세는 잘 유지되고 있다. 이는 황궁아파트 주민수칙이 엄격하게 외부인들을 배척한 반면, 양도세 1주택자 비과세는 우연과 필연들을 수용했기 때문일 수 있다.^

# 주택수칙의 예외

## - 고가주택 -

한편 양도세 주택수칙에도 예외가 있다.

그 단서는 황궁아파트의 입주민 회의에서 찾을 수 있다. 외부인들을 쫓아낼지 말지를 결정하는 중요한 회의였다. 이때 부녀회장은 드림팰리스 주민들이 평소 자신들을 서민아파트라며 괄시했던 과거를 얘기하며 쫓아내자는 분위기를 주도한다. 지진으로 황궁아파트만 남게 되자 옆 동네의 고가 아파트인 드림팰리스의 주민들이 많이 와 있었다.

결국 주민투표를 통해 외부인들을 몰아내기로 결정한다.


한편 양도세 주택수칙은 드림팰리스 같은 고가주택은 예외로 하고 있다. '비과세는 1주택자의 것'이지만, '고가주택자의 것'은 아닌 것이다.

고가의 기준은 12억원이다. 양도가격이 이를 넘으면 양도세를 내야 된다. 다만 12억원을 넘는 부분만 낸다.

예를 들어, 주택을 36억원에 팔았는데 양도차익이 6억원이라고 하자. 이 6억원 중 12억원을 넘는 24억원(=36억-12억)에 해당하는 양도차익분 4억원(=6억×24/36)에 대해서만 양도세를 내면 된다.

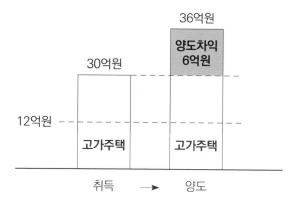

⊙ 고가주택 1주택자 비과세 적용

▸ 양도차익 6억원 × $\dfrac{24억원\ (12억원\ 초과분)}{36억원\ (주택\ 양도가격)}$ = **4억원**

→ **양도세 과세**

# 2가지 메시지

## - 팔아라와 들고 있어라 -

우리는 선조들이 긴 시간 동안 남겨 놓은 유산들을 현재 한꺼번에 접하고 있다. 시간과 이유를 달리하여 만들어진 제도들이 현재의 우리에게 적용되는 것이다. 그 제도들은 각각 나름의 메시지를 우리에게 던지고 있다. 메시지가 상반된 경우도 있다.


한편 양도세에도 수많은 메시지가 있다.

그중 두 메시지를 보면 하나는 '빨리 팔아라'이고 다른 하나는 '그래도 들고 있어라(또는 들고 있으면 혜택)'이다. 다소 상반되어 보인다.

우선 '빨리 팔아라' 메세지를 보자.

이는 주로 1주택자 비과세와 관련된 것이다. 2주택자라도 1주택자 비과세가 되는 우연과 필연 사례들을 보았다. 이런 우연과 필연으로 주택을 취득하면 빨리 팔아야 한다. 비과세를 받기 위해 팔아야 할 기한이 있다.

예를 들어 이사가기 위해 신규주택을 취득하면 종전주택을 3년 내 팔아야 한다. 그래야 비과세를 받는다. 이 때문에 3년이 가까워지면 급매로 나오는 집들도 있다.

또는 1주택자가 1주택자인 배우자와 결혼하여 1세대 2주택이 되면 빨리 팔아야 한다. 그 기한은 5년이다.

기한 내 '빨리 팔아라'는 메시지를 보내고 있는 것이다.

한편 '그래도 들고 있어라' 메시지도 있다.

양도세는 단기보유 중과 제도가 있다. 즉 주택을 짧은 기간 보유하면 세금이 많아지는 것이다. 중과하는 이유는 투기방지와 단기매매 차익 회수로 설명된다. 2년 미만 보유하면 60%, 1년 미만 보유하면 70%의 세율로 계산된다. 양도세 기본세율은 소득세와 같다. 누진세율로 6%에서부터 45%까지이다.

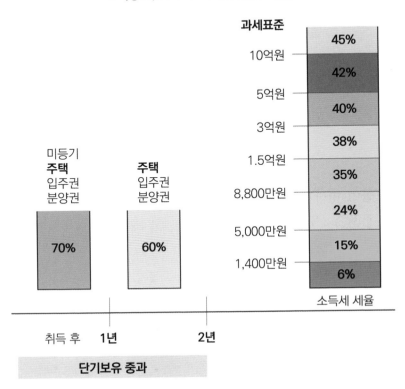

⊙ (양도)소득세 과세표준별 세율

그런데 단기보유 중과 제도는 또 2가지 메시지를 보낸다.
하나는 '단기보유하면 중과할 테니 사지도 말라'고 경고한다.
다른 하나는 '빨리 팔면 중과한다'이다. 그런데 이는 달리 말하면
'좀 더 들고 있어라'이다. 2년 이상 들고 있으면 중과하지 않게 되
니 '그래도 들고 있어라'는 메시지가 있다.

또한 양도세에는 장기보유특별공제(장특공)가 있다. 양도세에서 유명한 제도이다. 이는 보유기간이나 거주기간에 따라 공제액을 양도차익에서 빼주는 것이다.

장특공의 취지는 물가상승 등을 감안하여 부동산 양도차익을 줄여주려는 것이다. 이는 양도차익이 여러 해에 걸쳐 부동산을 보유하던 동안 누적된 것임을 고려한 것이다.

현재 1세대 1주택의 경우 연 8%(보유 4% + 거주 4%)에서 최대 80%까지 적용된다. 1주택자는 통상 비과세이지만, 1주택자라도 고가주택은 과세가 되니 장특공을 적용하면 된다.

### ⊙ 장기보유특별공제

| 대상 | 3년 이상 보유한 건물 및 토지 | |
|------|------|------|
| 공제율 | 1세대 1주택 | 연 8% (보유 4% + 거주 4%)<br>최대 80% (10년 보유 + 10년 거주) |
| | 그 외 | 연 2%<br>최대 30% (15년 보유) |

‣ 장특공은 양도차익에서 빼는 금액으로, 장특공을 적용하면 양도차익이 줄어든다.

## ⊙ 장기보유특별공제 공제율

| 기간 | 1세대 1주택 | | 그 외 |
|---|---|---|---|
| | 보유 | 거주 | 보유 |
| 3년 이상 4년 미만 | 12% | 12% | 6% |
| 4년 이상 5년 미만 | 16% | 16% | 8% |
| 5년 이상 6년 미만 | 20% | 20% | 10% |
| 6년 이상 7년 미만 | 24% | 24% | 12% |
| 7년 이상 8년 미만 | 28% | 28% | 14% |
| 8년 이상 9년 미만 | 32% | 32% | 16% |
| 9년 이상 10년 미만 | 36% | 36% | 18% |
| 10년 이상 11년 미만 | 40% | 40% | 20% |
| 11년 이상 12년 미만 | | | 22% |
| 12년 이상 13년 미만 | | | 24% |
| 13년 이상 14년 미만 | | | 26% |
| 14년 이상 15년 미만 | | | 28% |
| 15년 이상 | | | 30% |

한편 다주택자도 장특공이 적용된다. 공제율은 보유기간에 따라 연 2%에서 최대 30%까지이다. 공제율은 1주택자보다 낮지만, 어쨌든 다주택자에게도 장특공이 적용되고 있어 '그래도 들고 있어라'는 메시지가 있다.

'빨리 팔아라'와 '그래도 들고 있어라'는 메시지를 보내는 각 제도들을 살펴보았다. 양도세는 둘 중 어느 메시지를 더 또는 계속 보내야 할지 고민이 필요한 듯하다.

# 은근 재밌는 부가세

막전 막후

사업자의 이름으로

요람과 무덤

누가 낼까요

숨겨진 세금

선불세금과 후불세금

# 막전 막후
## - 부가가치세 도입 -

- 현장에서 본 한국경제 도전실록 中 58페이지, 강만수저 -

"다시 부가가치세의 폐지 문제를 제기한 것은 12·12쿠데타로 정권을 잡은 군부정권의 핵심 통치기구였던 국가보위비상대책위원회 상임위원회였다. 상임위원회에서 부가가치세는 박정희 대통령의 유신통치의 하나로서 국민의 반대를 무시하고 도입했다는 이유로 폐지를 결정하게 되었다.

1980년 초여름쯤 재무분과위원회로부터 부가가치세의 폐지와 대체세원에 관해 브리핑을 하라는 지시를 받았다. 생각 끝에 부가가치세는 폐지할 수 없다고 주장하기로 하고 ..." (이하 생략).

부가가치세 폐지 문제가 제기된 것은 이때가 두 번째였다. 그 전인 1979년 10.26 사건 직후 공화당에서 처음 부가세 폐지 문제를 제기했고, 이후 1981년에도 당시 청와대 사정비서실이 중심이 되어 폐지 문제가 세 번째 제기되었다. (부가가치세 도입 당시 담당과장이었던 강만수 前기획재정부장관의 위 저서 일부를 요약한 내용이다)

이렇게 폐지 문제가 제기되었던 부가가치세(부가세)는 1977년 7월 1일 시행된 것이었다. 부가세는 당시의 영업세, 물품세 등 8개의 간접세를 흡수하고 세율은 10%로 단순화하였다. 정치적 격변기와 맞물리며 시행 직후 폐지 문제가 제기된 것이었다.

한편 정부의 적극적 홍보에도 불구하고 당시 사람들에게 부가세는 낯설고 생소했다.
부가세 홍보와 교육은 1976년부터 본격 시작되었고 부가세 시행 전날인 1977년 6월 30일 저녁에는 전국에 걸쳐 임시반상회를 열어 팸플릿 1,000만 부를 돌리기도 했다고 한다. TV에 상영된 사미자 씨 주연의 '부가가치세(알아봅시다)'란 영상도 남아 있다. (e영상역사관, www.ehistory.go.kr)

당시 부가세에 대한 오해도 있었다. 도매상-소매상 간에도 거래 때마다 10%씩 세금을 내면, 거래할수록 세금이 계속 불어나는 것 아닌지 하는 것이었다.

그러나 부가세는 '매입세액공제(또는 환급)'라는 장치가 있다. 이는 도매상과 소매상이 거래할 때 내는 부가세를 다시 돌려주는 역할을 한다. 그래서 세금이 계속 불어나지 않게 된다.
부가세(VAT)는 매도인이 매수인으로부터 물건값 받을 때 VAT를 같이 받아서 세무서에 내게 된다. 이는 도매상이 소매상에게 물건을 팔 때도 그렇다. 즉 소매상은 도매상에게 물건값 줄 때 VAT도 같이 주는 것이다.

그런데 소매상은 도매상에게 준 VAT를 세무서로부터 돌려받는다. 이것이 매입세액공제이다. 도매상에게 VAT를 줬다는 것은 도매상으로부터 받은 세금계산서로 증명하게 된다.
이렇게 되니 세무서는 도매상으로부터 VAT를 받았지만, 소매상에게 돌려주어서 남는 VAT는 없게 된다.

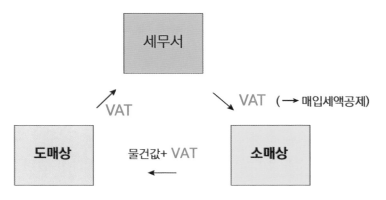

⊙ 도-소매상 부가세 납부 흐름

그러나 소매상이 소비자에게 물건을 판 경우 소비자는 VAT를 돌려받지 못한다. 그러니 소비자가 낸 VAT만 세무서에 고스란히 남게 된다.

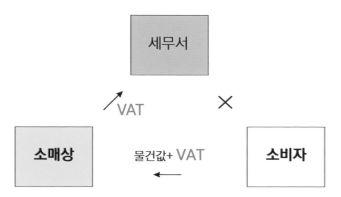

⊙ 소매상-소비자 부가세 납부 흐름

어쨌든 1981년 이후 더 이상 부가세 폐지 문제는 제기되지 않았다. 지금 부가세는 3대 세목(소득세·법인세·부가세)의 하나로 어엿하게 자리를 잡고 있다. 2023년도 부가세 세수는 73.8조원에 달한다.

⊙ **국세 실적**

|  | 총 국세 | 소득세 | 법인세 | 부가세 | 상증세 | 기타 |
|---|---|---|---|---|---|---|
| 2022년 | 395.9 | 128.7 | 103.6 | 81.6 | 14.6 | 67.0 |
| 2023년 | 344.1 | 115.8 | 80.4 | 73.8 | 14.6 | 59.5 |

※ 출처: 기획재정부

부가세는 소득세와 법인세가 자리잡는 데도 역할을 했다. 거래단계마다 10%의 세금을 세무서에 내고 돌려받으니, 사업체들이 얼마에 팔았고 얼마에 샀는지 훤히 보이는 것이다. 즉 사업체들의 매출과 매입 금액이 노출되어, 소득을 숨기기가 어렵게 되었다. 이와 같이 부가세 시스템은 소득세와 법인세를 걷는 데도 기여를 한 것이다.

이렇게 부가세가 역할을 하기까지 자영업자나 사업자들의 공이 컸다. 사업자들이 소비자들로부터 부가세를 걷어서 국가에 내주고 있기 때문이다. 부가세는 거의 국민 전체가 내고 있는 세금이지만, 사업자들 없이는 거둘 수가 없다.

🍎 부가세 도입 당시로 돌아가서, 우리나라 이전에 유럽 10여 개 국가들이 1970년 전후 부가세를 도입하고 있었다. 영국은 1973년, 프랑스와 독일은 각각 1968년에 도입했다. 대부분 선진국들이었다.

한편 우리나라는 개발도상국으로 당시의 부가세 도입이 경제 도약을 위한 적기였는지(그때 아니였으면 갈수록 도입이 어려웠을지), 아니면 우리 경제·사회 상황에 비춰 시기상조였는지는 판단이 남아 있는 듯하다.

현재 부가세는 OECD 38개 회원국 중 37개국이 도입했다. 부가세가 없는 미국은 지방세인 Sales Tax(州마다 약 3~9% 세율)가 있다.

## ⊙ OECD 국가들의 부가세 도입연도

| | |
|---|---|
| 1964.1 | 핀란드 |
| 1967.7 | 덴마크 |
| 1968.1 | 프랑스 |
| 1968.1 | 독일 |
| 1969.1 | 네덜란드 |
| 1969.1 | 스웨덴 |
| 1970.1 | 룩셈부르크 |
| 1970.1 | 노르웨이 |
| 1971.1 | 벨기에 |
| 1972.11 | 아일랜드 |
| 1973.1 | 오스트리아 |
| 1973.1 | 이탈리아 |
| 1973.4 | 영국 |
| 1975.3 | 칠레 |
| 1976.7 | 이스라엘 |
| 1977.7 | 대한민국 |
| 1980.1 | 멕시코 |
| 1985.1 | 터키 |
| 1986.1 | 포르투갈 |
| 1986.1 | 스페인 |
| 1986.5 | 뉴질랜드 |
| 1987.1 | 그리스 |
| 1988.1 | 헝가리 |
| 1989.4 | 일본 |
| 1990.1 | 아이슬란드 |
| 1991.1 | 캐나다 |
| 1992.1 | 에스토니아 |
| 1993.1 | 슬로바키아 |
| 1993.1 | 체코 |
| 1993.7 | 폴란드 |
| 1995.1 | 스위스 |
| 1997.1 | 슬로베니아 |
| 2000.7 | 호주 |

▸ OECD (2012). 《Consumption Tax Trends 2012》

214

# 사업자의 이름으로

## - 부가세의 존재감 -

'개인이 물품을 중고마켓에서 팔면 부가세를 내야 되나요?'라는 질문을 하곤 한다.

답은 원칙적으로 안 내도 된다.

부가세는 '사업자'가 국가에 내는 세금이기 때문이다. 소비자는 물건을 살 때 부가세를 부담하지만, 결국 사업자가 이를 거둬서 국가에 내야 된다.

사업자는 통상 세무서에 사업자등록을 한 자를 말한다. 사업자가 부가세 납세의무자가 되고 사업자의 이름으로 낸다. 그러니 개인이 자신의 중고물품을 팔 때에는 물건값에 부가세를 붙일 수 없으

215

며, 국가에도 부가세를 안 내게 된다.

다만 개인들이 '사업자처럼' 물건을 파는 경우가 있다. '사업자처럼'이란 계속적으로 반복하는 것이다. 그래서 개인들도 계속적으로 반복해서 물건을 팔면 사업자로 보게 되어, 부가세를 내야 될 수 있다.

한편 자영업자 등 사업자들에게 부가세는 존재감이 크고 두려운 세금이다.

그 이유는 이렇다.

우선 사업자들은 소비자로부터 부가세를 받아 세무서에 낸다. 그런데 부가세는 거래할 때마다 받는 반면, 납부는 3개월(간이과세자는 6개월)에 한 번씩 한다. 그러니 통상 받은 부가세를 가지고 있다가 3개월마다 내게 된다. 그런데 돈에는 꼬리표가 없다. 부가세로 받은 대금도 다른 용도로 쓰다 보면, 정작 부가세 납부시점에는 큰 부담이 될 수 있다.

그리고 소규모 자영업자일수록 물건값에 부가세를 붙여 받는다는 인식이 별로 없다. 그러다 보니 부가세는 온전히 자기 돈으로 내야 된다고 느끼기도 한다.

또한 소득세는 이익이 나야 내지만, 부가세는 매출이 있으면 내야
되니 사업자들에게 부담이 될 수 있다.

현재 소규모 개인사업자의 부가세 부담을 완화하기 위해 간이과세와 납부면제 제도를 운영하고 있다. 개인사업자의 직전연도 연매출이 1억4백만원 미만이면 간이과세자로 간편하게 부가세를 낼 수 있다. 간이과세자 중 연매출이 4,800만원 미만이면 부가세 납부가 면제된다.

간이과세자는 업종별 부가가치율(15%~40%)을 곱한 후 10%를 곱해서 부가세를 낸다. 이때 일반사업자와 같은 매입세액공제는 적용이 안 되고, 수취한 세금계산서 금액(부가세 포함)의 0.5%를 공제받을 수 있다.

⊙ 부가세 계산방법

| 일반과세자 | 간이과세자[1] |
|---|---|
| 공급가액(VAT 제외)×10% | 공급대가(VAT 포함)[1] × 부가가치율[2]×10% |

1) 간이과세자의 공급대가는 대가로 받은 금액 전체를 말한다. 부가세가 포함된 개념이다.

## 2) 간이과세자 부가가치율

| | |
|---|---|
| 소매업, 재생용 재료수집 및 판매업, 음식점업 | 15% |
| 제조업, 농업·임업 및 어업, 소화물 전문 운송업 | 20% |
| 숙박업 | 25% |
| 건설업, 운수 및 창고업(소화물 전문 운송업 제외), 정보통신업, 그 밖의 서비스업 | 30% |
| 금융 및 보험 관련 서비스업, 전문·과학 및 기술 서비스업(인물사진·행사용 영상 촬영업 제외), 사업시설관리·사업지원 및 임대서비스업, 부동산 관련 서비스업, 부동산임대업 | 40% |

# 요람과 무덤

## - 면세의 비밀 -

요람에서 무덤까지 피할 수 없는 것이 있다. 바로 세금이다.
그런데 부가세는 의외이다. 부가세는 전 국민의 일상생활 속에서
세금을 거두고 있고, 과자 하나를 사 먹어도 10% VAT가 붙어 있
다. 이런 부가세가 요람과 무덤에는 면세를 하고 있다.


즉 요람에 해당하는 영유아용 기저귀와 분유는 부가세가 면제된
다. 또한 무덤에 해당하는 장례식장과 묘지 관리·분양도 면세이다.
부가세는 물품(재화)이나 서비스(용역)를 공급할 때 내지만, 면세
되는 물품이나 서비스에는 안 내도 된다.
이 외에도 부가세 면제는 많다. 우리 생활에 꼭 필요한 재화나 용
역에 대해서는 면세를 하고 있다.

## ⊙ 부가세가 면제되는 재화 또는 용역(예시)

| 기초생활 재화·용역 | 의료보건용역 | 교육용역 |
|---|---|---|
| ‣ 미가공식료품<br>‣ 농·축·수·임산물<br>‣ 수돗물, 연탄과 무연탄<br>‣ 여객운송용역(항공기·우등<br>  고속버스 등 제외) | ‣ 의사 등 제공 용역(미용<br>  성형 의료용역은 제외)<br>‣ 의약품 조제 용역<br>‣ 수의사 제공 용역<br>‣ 장의용역 등 | ‣ 학교, 학원, 강습소(자동<br>  차운전학원, 무도학원은<br>  제외)<br>‣ 청소년수련시설 등 |

| 문화 관련 | 생산요소 | 기타 |
|---|---|---|
| ‣ 도서, 신문, 잡지<br>‣ 예술창작품<br>‣ 아마추어 운동경기 등 | ‣ 토지<br>‣ 금융보험용역 | ‣ 저술가·작곡가 등의<br>  인적용역 |

그런데 부가세 면제(면세)에 중요한 특징이 있다. 면세사업자는 앞서 본 매입세액공제를 받을 수 없는 것이다.

예를 들어 기저귀를 만들기 위해 원재료를 구입했다고 하면, 원재료 구입할 때 판매자에게 부가세를 줬을 것이다. 그러나 이를 세무서로부터 돌려받지 못한다. 즉 매입세액공제가 안 된다.

그러니 기저귀를 만드는 사업자는 원재료 부가세 부담을 지게 되고, 이를 기저귀 가격에 포함했을 수 있다.

⊙ 면세사업자 부가세 납부흐름

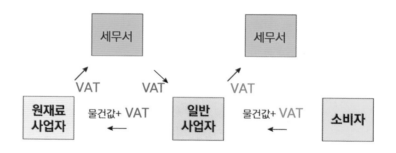

⊙ 일반사업자 부가세 납부흐름

결국 소비자는 면세로 10% 세금은 안 내지만, 기저귀 가격에는 일부 부가세가 들어가 있는 것이다. 그래서 부가세 면세를 부분면세라 한다. 반면 수출물품은 0% 세율(영세율)을 적용하면서 매입세액공제까지 가능하다. 그래서 영세율은 완전면세라 한다.

이렇다 보니 부가세가 과세에서 면세로 바뀌어도 사업자들은 가격이 10% 그대로 떨어지지 않을 수 있다고 얘기한다.

# 누가 낼까요

## − 파는 자와 사는 자 −

내가 낸 부가세는 국가에 잘 납부되고 있을까?

우선 누가 부가세를 납부하고 있을까?

1. 물건 파는 자 (재화 또는 용역을 공급하는 자)

2. 물건 사는 자

3. 신용카드사

앞서 본 것처럼 답은 1번이다. 물건 파는 사업자가 부가세를 물건 값과 함께 받아 세무서에 납부한다.

그런데 문제를 '해당되는 것을 모두 고르시오'로 고치면 1번, 2번, 3번 다 답이 된다.

2번, 3번 방식은 부가세가 물건을 파는 사업자를 거치지 않고(또는 형식적으로만 거치고) 국가에 납부되도록 하는 것이다.

이는 사업자가 부가세를 국가에 납부하지 않는 것에 대비하여 도입되었다. 다만 2번은 일부 품목에만 적용되고 3번은 일부 업종에만 적용된다.


우선 2번은 금이나 금속(금·구리·철·비철금속)스크랩을 사고팔 때 적용된다. 이를 산 사업자(매입자)는 물건값과 10% 부가세를 금융기관의 정해진 계좌에 입금해야 한다. 그러면 금융기관이 물건값은 판매 사업자에게 지급하지만, 부가세는 세무서에 납부한다. 즉 물건을 사는 사업자가 금융기관을 통해 부가세를 납부하는 것이다. 일명 '부가세 매입자납부특례'이다.

### ⊙ 부가세 매입자납부특례 흐름

한편 3번은 룸살롱 등 유흥주점이나 단란주점에서 신용카드로 대금을 결제할 때 적용된다. 신용카드사는 결제된 금액을 나눠서 세무서와 주점 사업자에게 각각 송금한다. 세무서에는 주점 사업자를 대리해 부가세의 일부를 송금하고, 나머지 금액은 주점 사업자에게 송금한다. 즉 신용카드사가 부가세의 일부를 납부하고 있는 것이다.

신용카드사의 세무서 송금액은 물건값의 4%(결제금액의 4/110)이다. 이후 주점 사업자가 부가세를 신고할 때 정산하도록 하고 있다. 일명 '부가세 대리납부제도'이다. 이는 간이과세자인 유흥주점에는 적용되지 않는다.

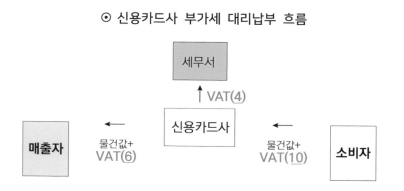

⊙ 신용카드사 부가세 대리납부 흐름

왜 이들 품목과 업종에만 2번, 3번 방식이 적용되었을까?

이들 분야는 사업자들의 부가세 탈루가 계속 지적되어 왔기 때문이다. 예를 들어 금속스크랩을 팔면서 부가세는 받았는데 그 후 고의로 폐업을 하여 부가세를 내지 않는다는 것이다. 유흥주점도 이러한 방식의 부가세 탈루가 많다는 것이었다.

# 숨겨진 세금
## - 중고차와 음식점 -

앞서 개인이 쓰던 물품을 팔면 원칙적으로 부가세를 안 내도 된다고 하였다. 중고품에 대해서는 한 가지 더 생각할 것이 있다.

중고차를 예로 들어 보자. 중고차 매매상은 통상 개인들로부터 중고차를 사 와서 이를 다시 판다. 팔 때는 부가세를 내야 된다. 그런데 중고차는 신차일 때 부가세를 한 번 냈을 것이다. 그럼 같은 차에 부가세를 두 번 내는 것처럼 된다.

생각해보면, 개인들은 중고차를 팔 때 예전에 낸 부가세를 감안해 차 가격을 책정하고 팔았을 것이다. 그러니 중고차 가격에 부가세가 일부 포함되어 있을 것이다.

그래서 중고차에 포함되어 있는 부가세를 없애기 위한 장치가 있다. 바로 중고차 매매상에 대한 의제매입세액공제(10/110)이다. 원래 매입세액공제는 발급받은 세금계산서가 있어야 적용되는데, 중고차를 파는 개인들은 세금계산서를 발급할 수 없다. 그래서 매입세액공제처럼 의제하여 공제해 준다.

한편 고철·폐지 등 재활용 폐자원을 수집하는 사업자에게도 의제매입세액공제가 적용된다. 공제율은 3/103이다.

## ⊙ 중고차 의제매입세액공제 흐름

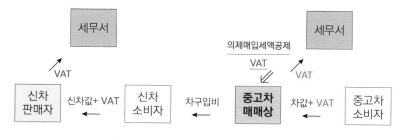

▸ 의제매입세액공제 VAT는 과거 신차 판매자가 낸 VAT를 돌려받는 개념이다.

이와 비슷한 경우가 있다. 바로 음식점이다. 음식점은 식자재로 농수산물을 구입하여 음식을 만들어 판다. 이런 농수산물은 면세물품이어서 살 때는 부가세를 안 낸다. 그런데 앞서 보았듯이 면세물품에는 부가세가 일부 남아 있다.

한편 음식을 팔 때는 10% 부가세가 붙으니 일부 남아 있는 부가세가 중복되는 것이다.


그래서 음식점에 대해서도 남아 있는 부가세를 없애기 위해 농수산물 의제매입세액공제를 적용하고 있다.

이는 음식점업 외에도 농수산물을 사용하는 제조업(과자점업, 도정업, 제분업 등) 등에 적용된다. 공제율은 음식점 개인사업자 8/108(또는 9/109), 법인사업자 6/106 등 다양하다. 한편 공제한도가 매출액의 일정비율로 정해져 있다.

음식점 등의 사업자들은 이 제도에 관심이 많다. 연말에는 공제율 등을 개정한다는 뉴스가 한 번씩 나오기도 한다.


⊙ **음식점 의제매입세액공제 흐름**

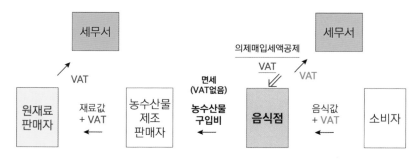

▸ 의제매입세액공제 VAT는 과거 원재료 판매자가 낸 VAT를 돌려받는 개념이다.

## ⊙ 농수산물 의제매입세액공제 공제율

| 음식점 | | | 제조업<br>(개인사업자, 중소기업)[2] | 기타 |
|---|---|---|---|---|
| 개인사업자 | 법인사업자 | 유흥주점 | | |
| 8/108,<br>9/109[1] | 6/106 | 2/102 | 6/106, 4/104 | 2/102 |

1) 과세표준 2억원(연 매출액 4억원) 이하인 경우 2026년 말까지 9/109 적용한다.
2) 과자점업, 도정업, 제분업 및 떡류제조업 중 떡방앗간 운영 개인사업자는 6/106을
   적용하고, 그 외 중소기업과 개인사업자는 4/104 적용한다.


정리하면, 중고차나 음식 식자재로 사용되는 농수산물에는 이전에
냈던 부가세가 일부 남아 있을 수 있다. 물건값에 일응 숨겨져 있
다. 이에 부가세를 이중과세하지 않고 사업자들의 부담을 완화하
기 위해 의제매입세액공제가 운영되고 있다.

# 선불세금과 후불세금
## - 선불세금 논란 -

요즘 식당에 가면 선불인 경우가 있고 후불인 경우도 있다. 선불이 조금 낯설긴 해도 편리한 사람도 있을 것이고, 그래도 음식을 먹고 나서 계산하는 후불을 선호하는 사람도 있을 것이다.

세금에도 선불세금이 있고 후불세금이 있다. 이는 필자가 만든 말이다.^ 선불과 후불은 세금을 내는 사업자 입장에서의 말이다. 부가세는 후불세금이다. 물건을 팔고 대금을 받아서 세무서에 내면 되니 후불이다.

한편 부가세를 제외한 소비세는 거의 선불세금이다. 유류세, 주세, 개별소비세 등이 있다. 이들은 물건을 소비자에 팔기 전에 낸다. 즉 공장에서 반출될 때 내야 된다. 공장 출고가를 기준으로 세금을 내고, 낸 세금은 가격에 포함되어 이후 거래가 된다. 공장 나올 때만 내면 되니 편리하다.

그리고 관세도 대표적 선불세금이다. 수입될 때 일단 내야 된다.

| 선불세금 | 후불세금 |
|---|---|
| 유류세, 주세, 개별소비세, 관세 등 | 부가세 |

이런 선불과 후불은 세금 계산할 때도 영향을 미친다. 물건값에 먼저 선불세금(관세나 개별소비세 등)이 붙고, 다음에 후불세금인 부가세가 붙는다. 그러니 부가세는 물건값과 선불세금에도 10% 붙게 된다.

다만 부가세도 수입할 때는 관세 등과 같이 내게 되니 수입 부가세는 사실 선불세금이다.

$$부가세 \ = \ (물건값+관세+개별소비세등) \ \times \ 10\%$$

한편 선불세금은 한 번씩 논란이 되기도 한다.

예를 들어 정부가 유류세를 내렸는데, 주유소 기름값은 왜 이렇게 안 내리냐는 얘기가 나오곤 한다.

이에 대해 업계는 가격인하 효과가 반영되는 데 시간이 걸린다고 한다. 즉 선불세금이라는 말이다. 유류세 인하로 공장 출고가격은 인하되었지만, 그 유류는 아직 주유소에 도착하지 않았다는 것이다. 공장에서 주유소까지 수송에 10일 내외가 걸린다고 한다.

국제유가가 국내 시장에 반영되는데 시간이 걸린다는 것과 비슷한 취지이다. 그러나 사람들은 유류세 인하가 종료될 때는 바로 기름값이 오른다고 지적하기도 한다.

승용차에 붙는 개별소비세·교육세도 출고할 때가 기준이다. 그래서 이들 세금이 변동되는 경우에도 출고시점을 유의해야 한다.


또는 선불세금이라 매점매석이 일어나기도 한다. 담뱃값을 인상할 때였다. 2,500원이던 담뱃값은 세법 등이 개정되어 2015년 1월 1일부터 4,500원으로 인상되었다.

담배값 4,500원 중 제세금은 3,323원이다. 제세금에는 담배소비세, 지방교육세, 건강증진부담금, 엽연초부담금, 개별소비세, 폐기물부담금, 부가가치세가 포함되어 있다.

그런데 담배 제세금도 공장 출고될 때를 기준으로 매겨진다. 그러니 2015년 1월 1일 이후 출고되면 세금이 더 붙는 것이었다. 그 전에 출고된 담배를 사 놓았다가 이를 나중에 인상된 값으로 팔아도 사실 구분이 어려웠다.

그래서 담뱃값 올릴 때는 통상 사재기를 금지하기 위해 '매점매석 행위 고시'를 시행한다.

어쨌든 휘발유·경유(유류세), 술(주세), 승용차나 고가품(개별소비세)의 경우 완성된 제품으로 공장에서 출고되다 보니, 거두기 편리한 선불세금으로 하고 있다. 다만 출고될 때와 판매될 때의 시간 차이로 인해 앞서 본 논란들이 생기기도 한다.

한편 부가세의 경우 모든 물건이나 서비스를 대상으로 하고 있어 후불세금으로 하고 있는 것이다.

# 저자소개

## 최우석

글쓴이는 세상의 원리를 탐구하고 창의적 시각과 실용적 접근을 좋아한다.

서울대 법학과를 졸업하고 45회 사법시험 합격 후 2006년 기획재정부에 입사했다. 기획재정부에서 수없이 많은 제도를 기획하고 세법 개정 업무를 담당했다. 소득세, 법인세, 부가가치세, 조세특례, 환경에너지세, 관세 등의 개정 업무를 담당하면서 자연스레 세금의 핵심원리를 체감하게 되었다.

2018년도에는 대법원 재판연구관으로 근무하면서 많은 실제 사례들을 접할 기회를 가졌고, 기획재정부에 복귀하여 2022년도에는 세제실 예규총괄팀장을 맡아 각종 세법의 해석과 운영에 관한 식견을 넓혔다.

이 외에도 기획재정부 공공정책, 국제금융, 재정관리, 정책조정 등의 업무를 맡았으며, 대통령비서실, 국민경제자문회의지원단, 국민대통합위원회 등에 근무하면서 다양한 분야를 경험했다.

저자 이메일 wooskch@naver.com